Langenscheidt
Französisch in 30 Tagen

Langenscheidt

Französisch
in 30 Tagen

Von Micheline Funke

Langenscheidt

Berlin · München · Wien · Zürich · New York

www.langenscheidt.de

Umwelthinweis: gedruckt auf chlorfrei gebleichtem Papier

Umschlaggestaltung: Independent Medien-Design
Zeichnungen im Innenteil: Ulf Marckwort, Kassel
Sprachliche Durchsicht: Agnès Bloumenzweig, Patrick Bouthinon und
Dominique Monéger

© 1995, 1999, 2001 by Langenscheidt KG, Berlin und München
Printed in Germany
ISBN-13: 978-3-468-29904-9
ISBN-10: 3-468-29904-4

Inhalt

Vorwort	**11**
Aussprache des Französischen	**12**
Schreibung und Zeichensetzung	**15**
Grammatische Fachausdrücke	**17**

Lektion 1	**Accueil à la gare de l'Est**	**19**
	Empfang am Ostbahnhof	

Grammatik: Präsens von **être** und **avoir** ▪ Die unbetonten Personalpronomen ▪ Der bestimmte und der unbestimmte Artikel ▪ Konjugation der Verben auf **-er (arriver)** ▪ Die betonten Personalpronomen
Landeskunde: Begrüßung, Abschied und Anrede

Lektion 2	**Premier dîner en famille**	**27**
	Das erste Abendessen in der Familie	

Grammatik: Präsens von **faire, aller** ▪ Der Teilungsartikel ▪ Pluralbildung der Substantive
Landeskunde: Essgewohnheiten der Franzosen

Lektion 3	**Première journée à Paris**	**33**
	Erster Tag in Paris	

Grammatik: Präsens von **prendre, vouloir** ▪ Frage durch Satzbetonung und Teilfrage mit **qu'est-ce que** ▪ Präsens von **devoir, pouvoir**
Landeskunde: Das französische Bildungssystem

Lektion 4	**Courses dans le quartier**	**39**
	Einkaufen im Viertel	

Grammatik: Die Grundzahlen ▪ Das Perfekt mit **avoir**
Landeskunde: Einkaufen in Frankreich

Lektion 5	**Une journée avec les enfants**	47
	Ein Tag mit den Kindern	

Grammatik: **on** in der Bedeutung von **nous** ■ Die Verben auf *-ir* und *-re* ■ Der Imperativ
Landeskunde: Bonne fête!

Test 1		56

Lektion 6	**Inscription à l'école de langue**	58
	Einschreibung in der Sprachenschule	

Grammatik: Der Fragesatz mit **est-ce que** ■ Die Verneinung ■ Die Uhrzeit

Lektion 7	**Premiers contacts**	67
	Erste Kontakte	

Grammatik: Die Angleichung der Adjektive ■ Ländernamen ■ Das Perfekt mit **être** ■ Die Verben **connaître, venir**

Lektion 8	**A la découverte de Paris**	77
	Paris entdecken	

Grammatik: Die örtlichen Beziehungen ■ Die Präposition **de** ■ Weitere Präpositionen der örtlichen Beziehungen
Landeskunde: Das Pariser U-Bahn-System

Lektion 9	**Rendez-vous au café**	87
	Treffen im Café	

Grammatik: Mengenangaben ■ Etwas bewerten ■ **il faut** + Infinitiv ■ Das Verb **préférer**
Landeskunde: Bezahlen im Restaurant

Lektion 10	**Dans un grand magasin**	97
	In einem Kaufhaus	

Grammatik: Die Personalpronomen im Akkusativ ■ Verben auf *-ayer (essayer)* ■ Die adjektivischen Demonstrativpronomen ■ Das Adjektiv (Formen/Stellung/Sonderformen)
Landeskunde: Französische Mode

Test 2		106

Lektion 11	Au restaurant	108
	Im Restaurant	

Grammatik: Das Adverbialpronomen *en* ■ Die indirekten Objektpronomen
Landeskunde: Im Restaurant

Lektion 12	A la gare	117
	Am Bahnhof	

Grammatik: Der Fragesatz (Zusammenfassung)
■ Die Possessivbegleiter
Landeskunde: Der TGV

Lektion 13	Week-end au ski	125
	Ein Wochenende beim Skifahren	

Grammatik: Die Wochentage, die Monate, das Datum
■ Das Verb *partir* ■ Die reflexiven Verben

Lektion 14	Rencontre dans le TGV	133
	Treffen im TGV	

Grammatik: Die Verben *voir, lire, acheter* ■ Das Relativpronomen *qui* ■ Die Vergleichsformen
Landeskunde: Die »codes«

Lektion 15	Coup de fil à l'agence	141
	Anruf bei der Agentur	

Grammatik: Ein geschäftlicher Telefonanruf ■ Das Futur (futur simple) der Verben auf *-er* ■ Das Futur von *être, avoir, aller*
Landeskunde: Telefonieren in Frankreich

Test 3		150

| **Lektion 16** | **C.V. pour le stage**
 Lebenslauf für das Praktikum | **152** |

Grammatik: Der Begleiter **tout** ▪ Der Fragebegleiter **quel**

| **Lektion 17** | **Premier jour à l'agence**
 Der erste Tag in der Agentur | **159** |

Grammatik: Das **futur proche** (zusammengesetzte Zukunftsform) ▪ Vergleich zwischen beiden Zukunftsformen
Landeskunde: Am Arbeitsplatz

| **Lektion 18** | **Soirée collègues**
 Ein Abend mit den Kollegen | **165** |

Grammatik: Das Imperfekt der Verben auf **-er** und von **être** ▪ Vorschläge machen ▪ Das Verb **dire**
Landeskunde: Ausgehen in Paris

| **Lektion 19** | **Qu'est-ce qu'on fait ce soir?**
 Was machen wir heute Abend? | **173** |

Grammatik: Die Verben **offrir, ouvrir, voir** ▪ **pour** + Infinitiv
Landeskunde: Wenn Sie eingeladen sind ...

| **Lektion 20** | **Location de voiture**
 Autovermietung | **181** |

Grammatik: Das Fragepronomen **lequel** ▪ **avant de** + Infinitiv ▪ Bedingungssatz mit **si**

| **Test 4** | | **188** |

| **Lektion 21** | **Panne sur l'autoroute**
 Panne auf der Autobahn | **190** |

Grammatik: Das Relativpronomen **que** ▪ Der Relativsatz ▪ **venir de** + Infinitiv
Landeskunde: Autonummern und Postleitzahlen

| Lektion 22 | **Chez le médecin**
Beim Arzt | **197** |

Grammatik: Die Konjunktion **que** ■ Das Verb **croire**
Landeskunde: Gesundheitssystem

| Lektion 23 | **Camping en Provence**
Zelten in der Provence | **203** |

Grammatik: Das Gerundium: **en** + Partizip Präsens
■ Das Partizip Perfekt
Landeskunde: Regionale Kulturen

| Lektion 24 | **Les Puces**
Auf dem Flohmarkt | **211** |

Grammatik: Substantive mit unregelmäßiger Pluralbildung
■ Die Verneinung bei zusammengesetzten Zeiten
Landeskunde: Flohmärkte

| Lektion 25 | **Organiser un voyage d'affaires**
Eine Geschäftsreise organisieren | **217** |

Grammatik: **il faut que** + Konjunktiv ■ Der Konjunktiv Präsens
der Verben auf **-er** ■ **il faut** + Infinitiv, **il faut que** + Konjunktiv

| Test 5 | | **224** |

| Lektion 26 | **A la plage**
Am Strand | **226** |

Grammatik: Das Wetter ■ Der Konditional Präsens ■ Der Konditional Präsens der Verben auf **-er** ■ Das Verb **pouvoir**

| Lektion 27 | **Réunion de travail**
Arbeitstreffen | **233** |

Grammatik: Das Relativpronomen **ce que** ■ Zeitangaben
(Zusammenfassung)

Lektion 28	**A la recherche d'un emploi** Auf Arbeitssuche	**239**

Grammatik: Das Imperfekt von **pouvoir, vouloir** ▪ Gebrauch von Perfekt und Imperfekt
Landeskunde: Ferien in Frankreich

Lektion 29	**Adieux à l'aéroport** Abschied am Flughafen	**245**

Grammatik: Konjunktivgebrauch (Zusammenfassung) ▪ Der Konjunktiv Präsens der unregelmäßigen Verben **(avoir, être, aller, faire, venir)**
Landeskunde: Am Flughafen

Lektion 30	**Cartes postales** Postkarten	**251**

Grammatik: Wie schreibe ich auf Französisch an Freunde? ▪ Die wichtigsten unregelmäßigen Verben

Landeskundequiz	**260**
Schlüssel zu den Übungen	**264**
Wörterverzeichnis	**276**

Vorwort

Die dreißig Lektionen dieses Selbstlernkurses vermitteln Ihnen solide Grundkenntnisse der französischen Alltagssprache und versetzen Sie in die Lage sich in Französisch korrekt und idiomatisch zu verständigen.

Das Buch verfolgt auf unterhaltsame Weise die Erlebnisse einer jungen Deutschen, die nach Frankreich kommt um ihre Sprachkenntnisse aufzufrischen. Die Lektionen, die eine Menge kommunikativer Themen und Alltagssituationen zum Gegenstand haben, beginnen jeweils mit einem französischen Dialog und dessen Übersetzung. Danach folgen abwechselnd wichtige grammatische Erläuterungen und vielfältige Übungen, die der Einübung der Lektionsziele dienen und den Erfolg Ihres Selbststudiums sicherstellen. Vor dem lektionsbezogenen Wortschatz finden Sie jeweils landeskundliche Tipps und Informationen um mit der französischen Denk- und Lebensweise vertraut zu werden. Durch diese abwechslungsreiche Struktur soll Ihnen das Lernen möglichst angenehm und unterhaltsam gemacht werden. Anhand der fünf Zwischentests und des Lösungsschlüssels zu den Übungen können Sie Ihre Lernfortschritte sofort feststellen.

Vermeiden Sie Lernstress! Das Buch müssen Sie nicht in dreißig Tagen durchackern. Bearbeiten Sie lieber jeden Tag einen kleinen Abschnitt und nutzen Sie auch die Zeiten auf dem Weg in die Arbeit oder Schule, die Mittagspause usw. um Ihr aktives und passives Sprachverständnis zu verbessern.

Dieser Selbstlernkurs ist auch als Buch mit Audio-CD oder Audio-Kassette erschienen, die die Dialogtexte in zwei Sprechgeschwindigkeiten bietet – einmal in flotter Alltagssprache und einmal in langsamerem Tempo zum Nachsprechen.

Viel Spaß und vor allem Erfolg beim Lernen wünschen Ihnen

Autorin und Verlag

Aussprache des Französischen

Vokale

a
m*a*d*a*me	wie deutsches a	
p*a*tte	helles a	
*â*me, ph*a*se	dunkles a	

e
t*e*nir	stummes e	wie kurzer deutscher ö-Laut
l*e*, qu*e*, grav*e*	stummes e	kurzes dumpfes ö (verstummt am Wortende)
p*è*re, n*ei*ge, l*ai*t, t*ê*te	offenes e	wie deutsches ä
l*é*ger	geschlossenes e	wie geschlossenes deutsches e
all*ez*	geschlossenes e	wie geschlossenes deutsches e

i
*i*c*i*	geschlossenes i	wie deutsches i
st*y*le	geschlossenes i	

o
p*o*che, L*au*re	offenes o	wie offenes deutsches o
b*eau*, p*o*t, d*ô*me	geschlossenes o	wie geschlossenes deutsches o
p*eu*	geschlossenes ö	wie geschlossenes deutsches ö
s*oeu*r	offenes ö	

u
r*u*e	geschlossenes ü	wie deutsches ü
l*ou*er	geschlossenes u	wie deutsches u

Nasale

nasales a
d*an*s, l*am*pe, *en*trer, *em*bêter

nasales ä
vin, impossible, sympa, un, lundi, parfum
Merke: Die Schreibung **un** und **um** wird regional anders gesprochen.

nasales o
bonjour, pompe, ton

Halbvokale

bien, abeille, crayon, portier	wie deutscher j-Laut
moi, Louis	gleitendes u
huit, nuage	gleitendes ü

Konsonanten

pont, apporter	stimmloser p-Laut ohne Behauchung
ton, thé, patte	stimmloser t-Laut ohne Behauchung
cou, qui, chaos, képi	stimmloser k-Laut ohne Behauchung
robe, abbé	weicher b-Laut
dans	weicher d-Laut
gant, gueule	weicher g-Laut
neuf, photo	f-Laut
son, tasse, ces, ça, section	stimmloser s-Laut
rose, zéro	stimmhafter s-Laut
chez, tache	stimmloser sch-Laut
jour, cage, gilet	stimmhafter sch-Laut
long, aller	l-Laut
vent, rive	w-Laut
rue, barre, verve	meist wie deutsches Gaumen-r
mes, femme	m-Laut
nom, année	n-Laut
gagner, champagne	nj-Laut (wie z.B. in Cognac)
camping	ng-Laut

Bindung

Unter Bindung versteht man im Französischen die Aussprache eines gewöhnlich stummen Endkonsonanten eines Wortes, wenn das folgende Wort mit Vokal oder stummem h (***h muet***) beginnt. Die gebundenen Wörter müssen dem Sinn nach zusammengehören und innerhalb einer »groupe rythmique« vorkommen.

Unerlässliche Bindungen:
Artikel + Substantiv: ***lesamis***
Pronomen + Substantiv: ***cesamis***
Zahlwort + Substantiv: ***troisamis***
Adjektiv + Substantiv: ***un grandhôtel***
Pronomen + Verb: ***nousallons***
nach den Präpositionen ***chez, dans, en, sans, sous***
nach den Adverbien ***très, tout, plus, moins***
Unmöglich ist die Bindung nach ***et*** (und) und vor ***h aspiré*** (z.B. haricot).

Schreibung und Zeichensetzung

Akzente

Die Akzente haben im Französischen die Funktion von Hinweisen für die Aussprache oder von Unterscheidungsmerkmalen.

accent aigu (*-é-*): *apéritif* das -e- wird als geschlossenes e gesprochen
accent grave (*-è-*): *préfère* das -e- wird als offenes -e- = ä gesprochen
accent circonflexe (*-ô-*): *hôtel* das -o- wird als geschlossenes -o- gesprochen oder
(*-ê-*) *être* das -e- wird als offenes -e- gesprochen.
Als Unterscheidungsmerkmal wird der accent grave (`) bei a und u verwendet. So bedeutet *a* (er/sie/es hat), *à* (nach, in, zu), *ou* (oder), *où* (wo, wohin).

Orthographische Zeichen

a) die Cedille:
ça fait combien?, leçon, déçu
Die Cedille zeigt an, dass c vor a, o, u als stimmloses s gesprochen wird.
b) der Bindestrich:
wagon-restaurant, donnez-moi
Der Bindestrich dient zur Bildung zusammengesetzter Substantive (wagon-restaurant), er wird auch bei bestimmten Formen von Verben gebraucht.
c) das Trema:
Citroën
Das Trema (¨) zeigt die getrennte Aussprache zweier Vokale.
d) der Apostroph:
Qu'est-ce que c'est?, l'ami
Der Apostroph ersetzt bestimmte Vokale vor Wörtern, die mit Vokalen oder stummem h beginnen.

Groß- und Kleinschreibung

In der Regel beginnt im Französischen ein Wort mit einem Kleinbuchstaben. Die Eigennamen werden groß geschrieben: Caroline Rougier, la France, Paris, un Martini usw.
Man schreibt das erste Wort eines Satzes, einer Überschrift groß.

Zeichensetzung

Punkt, Strichpunkt, Doppelpunkt, Ausrufezeichen, Gedankenstrich, Klammern, Auslassungspunkte und Anführungszeichen werden im Wesentlichen wie im Deutschen gebraucht. An geringen Abweichungen sind zu erwähnen:
Der Punkt wird im Allgemeinen auch in Abkürzungen wie **S.N.C.F.** usw. gesetzt. Das Ausrufezeichen steht nie nach der Anrede am Briefanfang. In der Verwendung des Kommas gibt es bedeutende Abweichungen vom Deutschen. So steht im Französischen vor Sätzen mit **que** (dass) und **si** (ob) kein Komma. Ebenso wird vor Relativsätzen, die zum Verständnis des gesamten Satzes notwendig sind, kein Komma gesetzt.

Silbentrennung

Die Trennung eines Wortes am Zeilenende erfolgt im Französischen nach Sprechsilben. Dabei gelten folgende Regeln:

1. Ein einzelner Konsonant zwischen zwei Vokalen tritt zur folgenden Silbe, z.B. **di-ri-ger**, **pro-me-na-de**.
2. Von zwei oder mehr Konsonanten zwischen zwei Vokalen tritt nur der letzte Konsonant zur folgenden Silbe, z.B. **par-tir**.
3. Mehrere aufeinander folgende Vokale werden nicht getrennt, z.B. **theâ-tre** , **an-glais**.
4. Ein einzelner Vokal am Anfang eines Wortes kann nicht abgetrennt werden, z.B. **état**.
5. Nach dem Apostroph darf nicht getrennt werden, z.B. **au-jour-d'hui**.

Grammatische Fachausdrücke

Adjektiv	Eigenschaftswort
adjektivisch	in der Funktion eines Eigenschaftswortes
Adverb	Umstandswort
Akkusativ	Wenfall, 4. Fall
Akkusativergänzung	direkte Objektergänzung
Aktiv	Tätigkeitsform
Artikel	Geschlechtswort
Begleiter	Wörter, die vor einem Substantiv stehen, z.B. Demonstrativpronomen, Possessivpronomen usw.
Dativ	Wemfall, 3. Fall
Dativergänzung	indirekte Objektergänzung
Deklination	Beugung von Substantiv, Adjektiv und Pronomen
Demonstrativpronomen	hinweisendes Fürwort
feminin	weiblich
Interrogativpronomen	Fragepronomen
Futur	Zukunft
Genitiv	Wesfall, 2. Fall
Genus	Geschlecht
Gerundium	unveränderliche Verbform mit adverbialer Funktion
Imperativ	Befehlsform
Imperfekt	1. Vergangenheit
Indikativ	Wirklichkeitsform
Interrogativpronomen	Fragefürwort
Komparativ	Vergleichsform/Vergleichsstufe (1. Steigerungsstufe)
Konditional	Bedingungsform
Konjugation	Beugung des Verbs
konjugieren	beugen (Verb)
Konjunktion	Bindewort
Konjunktiv	Möglichkeitsform
Konsonant	Mitlaut
maskulin	männlich
Nominativ	Werfall, 1. Fall

Objekt	Satzergänzung
Orthographie	Rechtschreibung
Partizip	Mittelwort
Partizip Präsens	Mittelwort der Gegenwart
Partizip Perfekt	Mittelwort der Vergangenheit
Passiv	Leideform
Perfekt	2. Vergangenheit
Personalpronomen	persönliches Fürwort
Plural	Mehrzahl
Possessivpronomen	besitzanzeigendes Fürwort
Prädikat	Satzaussage
Präposition	Verhältniswort
Präsens	Gegenwart
Pronomen	Fürwort
reflexiv	rückbezüglich
reflexives Verb	rückbezügliches Tätigkeitswort
Relativpronomen	bezügliches Fürwort
Singular	Einzahl
Subjekt	Satzgegenstand
Substantiv	Hauptwort
Superlativ	höchste Steigerungsstufe
Verb	Tätigkeitswort
Vokal	Selbstlaut

Accueil à la gare de l'Est

LEKTION 1

A Paris.
Michel: Bonjour Mademoiselle, vous êtes bien Mademoiselle Dietz?
Sabine: Oui, c'est moi, vous êtes Monsieur Rougier?
Michel: Oui, je m'appelle Michel.
Sabine: Et moi, c'est Sabine.
Michel: Vous avez des bagages?
Sabine: J'ai juste un sac et une valise.
Michel: Donnez-moi tout ça. Je suis en voiture, la voiture est garée rue de Chabrol, c'est tout près.

Arrivée chez les Rougier.
Michel: Caroline, je te présente Sabine Dietz.
Caroline: Bienvenue, Sabine.
Sabine: Bonjour, Madame.
Caroline: Pas Madame, Caroline.
Les enfants, Sabine est là.

Lektion 1 — Dialog

> *Les enfants arrivent.*
> *Caroline:* Les enfants, je vous présente Sabine.
> *Florent, Annick,*
> *Julie:* Salut Sabine!
> *Sabine:* Bonjour, les enfants!
> *Florent:* Moi, je m'appelle Florent.
> *Annick:* Moi, je m'appelle Annick.
> *Sabine:* Et toi?
> *Julie:* Moi, c'est Julie.
> Les fleurs, c'est pour toi.
> *Sabine:* Merci, c'est gentil!

Empfang am Ostbahnhof

In Paris.
Michel: Entschuldigen Sie, sind Sie Frau Dietz?
Sabine: Ja, und Sie sind Herr Rougier?
Michel: Ja, genau, ich heiße Michel.
Sabine: Und ich Sabine.
Michel: Haben Sie Gepäck?
Sabine: Ich habe nur eine Tasche und einen Koffer.
Michel: Geben Sie mir alles. Ich bin mit dem Auto da. Es steht in der Rue de Chabrol, das ist ganz in der Nähe.
Ankunft bei Familie Rougier.
Michel: Caroline, ich stelle dir Sabine Dietz vor.
Caroline: Willkommen, Sabine!
Sabine: Guten Tag, Frau Rougier.
Caroline: Sagen Sie nicht Frau Rougier, sondern Caroline. Kinder, Sabine ist da!
Die Kinder kommen.
Caroline: Kinder, ich stelle euch Sabine vor.
Florent, Annick,
Julie: Hallo Sabine!
Sabine: Hallo Kinder!
Florent: Ich heiße Florent.
Annick: Ich heiße Annick.
Julie: Ich bin Julie, die Blumen sind für dich!
Sabine: Danke, das ist nett!

Grammatik, Übung   Lektion 1

Präsens von être und avoir

être (sein)

je suis ich bin
tu es du bist
il / elle est er / sie ist
nous sommes wir sind
vous êtes Sie sind / ihr seid

ils / elles sont sie sind

avoir (haben)

j'ai ich habe
tu as du hast
il / elle a er / sie / es hat
nous avons wir haben
vous avez Sie haben / ihr habt

ils / elles ont sie haben

Setzen Sie die passenden Verbformen ein:

1. Sabine et Monsieur Rougier (être) .... à la gare de l'Est.

2. Vous (être) .... Mademoiselle Dietz?

3. Oui, c'(être) .... moi.

4. Vous (avoir) .... des bagages?

5. J'(avoir) .... une valise.

6. Vous (être) .... gentil!

7. Je (être) .... en voiture.

8. La voiture (être) .... rue de Chabrol.

9. Monsieur et Madame Rougier (avoir) .... 3 enfants.

10. Julie (avoir) .... des fleurs pour Sabine.

Übung 1

Lektion 1 — Grammatik, Übung

Die unbetonten Personalpronomen

Die unbetonten Personalpronomen werden nur in Verbindung mit einem konjugierten Verb gebraucht.

Singular

je	ich	**tu**	du	**il**	er / es	**elle**	sie
j'		**vous**	Sie				

Plural

nous	wir	**vous**	ihr	**ils**	sie	**elles**	sie

■ Merke:

vor **Vokalen** und **stummem h** statt **je j'** (**j'ai**)

vous anstelle von **tu** als Höflichkeitsform

il kann **unpersönliches Fürwort** sein:
il est 2 heures es ist 2 Uhr

Übung 2

Setzen Sie *il* oder *elle* nach folgendem Muster ein:

(Sabine) a une valise. **Elle a une valise.**

1. (Monsieur Rougier) .... est à la gare.

2. (Sabine) .... est à la gare.

3. (Monsieur Rougier) .... a une voiture.

4. (Sabine) .... a des bagages.

Grammatik — Lektion 1

Der bestimmte und der unbestimmte Artikel

bestimmter Artikel		unbestimmter Artikel	
maskulin	*feminin*	*maskulin*	*feminin*

Singular

le sac   **la** gare   **un** sac   **une** gare

Plural

les sacs   **les** gares   **des** sacs   **des** gares

l' steht anstelle von **le/la** vor Substantiven, die mit **Vokal** oder **stummem h** anfangen:
l'hôtel *m* (das Hotel)
l'arrivée *f* (die Ankunft)

Im Gegensatz zum Deutschen gibt es im Französischen eine **Pluralform** des unbestimmten Artikels:
un sac (eine Tasche),
des sacs (Taschen);
une gare (ein Bahnhof),
des gares (Bahnhöfe)

■ Merke:
Im Französischen sind alle Substantive maskulin oder feminin. Es gibt kein Neutrum!

Präsens der Verben auf -er

Infinitiv auf **-er**   **arriver** (ankommen)

je / j' .... **-e**	**j'arrive**
tu .... **-es**	**tu arrives**
il / elle ..... **-e**	**il / elle arrive**
nous .... **-ons**	**nous arrivons**
vous .... **-ez**	**vous arrivez**
ils / elles ... **-ent**	**ils / elles arrivent**

Lektion 1 — Übung, Grammatik

Übung 3

Setzen Sie die richtigen Verbendungen ein:

1. Sabine (arriver) .... chez les Rougier.

2. Michel Rougier (présenter) .... Sabine à Caroline.

3. Je te (présenter) .... Sabine.

4. Florent, Annick et Julie (arriver) ....

Die betonten Personalpronomen

	Singular	Plural
1. Person	**moi**	**nous**
2. Person	**toi**	**vous**
3. Person maskulin	**lui**	**eux**
feminin	**elle**	**elles**

Moi, toi usw. werden **alleinstehend** gebraucht (d.h. ohne Verb) **zur Verstärkung: *Moi, je m'appelle Florent.***
Ich heiße Florent, ich bin Florent.

Nach *c'est:*
C'est toi? Bist du's? *Oui, c'est moi.* Ja, ich bin's.

Nach Präpositionen:
Les fleurs, c'est pour toi! Die Blumen sind für dich!

Übung, Wortschatz · Lektion 1

Übung 4

Finden Sie die entsprechenden Antworten:

Bonjour, Mademoiselle, vous êtes bien Mademoiselle Dietz? ... Vous êtes Monsieur Rougier? ... Les enfants, je vous présente Sabine! ... Je m'appelle Sabine et toi? ...

1. Oui, je m'appelle Michel.
2. Salut, Sabine!
3. Moi, je m'appelle Annick.
4. Oui, c'est moi.

Übung 5

Was sagen Sie, wenn Sie...

1. ... sich vorstellen?
2. ... sich vergewissern wollen, ob Sie die richtige Person angesprochen haben?
3. ... richtig angesprochen worden sind?
4. ... einem Freund jemanden vorstellen?

a Je te présente ...
b Oui, c'est moi ...
c Vous êtes bien ...
d Je m'appelle ... oder: Je suis ...

Wortschatz

accueil *m*	Empfang / Begrüßung	gare *f*	Bahnhof
arrivée *f*	Ankunft	je m'appelle (s'appeler)	ich heiße, mein Name ist
arriver	ankommen		
bagages *m pl*	Gepäck	je suis	ich bin
bienvenue *f*	Willkommen	je te présente	ich stelle dir vor
Bonjour!	Guten Tag!		
c'est gentil	das ist nett	la voiture est garée	der Wagen steht
c'est moi	das bin ich		
chez les Rougier	bei den Rougiers	Mademoiselle *f*	Fräulein / Frau
enfant *m*	Kind	Monsieur *m*	Herr
est (être)	ist	pour	für
et toi?	und du?		

▶

VINGT-CINQ

Lektion 1 Wortschatz, Landeskunde

présenter	vorstellen	**valise** *f*	Koffer
rue *f*	Straße	**voiture** *f*	Wagen
sac *m*	(Reise-)Tasche	**vous êtes**	Sie sind/ ihr seid
salut!	hallo!		
tout près	ganz in der Nähe		

Begrüßung, Abschied und Anrede

Wenn Sie in Frankreich jemanden begrüßen, brauchen Sie den Familiennamen nicht zu nennen, sondern Sie sagen nur **Bonjour, Monsieur/Madame/Mademoiselle** oder Sie sprechen die Person mit dem Vornamen an: **Bonjour, Michel/Sabine. Bonjour** heißt sowohl »Guten Tag« wie »Guten Morgen«. Man kann jemanden abends mit **Bonsoir, Monsieur/Madame/Mademoiselle** begrüßen oder sich verabschieden. Mit **Au revoir** (Auf Wiedersehen) verabschiedet man sich. **Salut!** (Hallo! bzw. Tschüs! Servus! usw.) kann **bonjour, bonsoir, au revoir** ersetzen. **Salut!** ist familiärer als diese Formen und wird meist zusammen mit dem Vornamen benützt.

Wann wird eine Frau mit **Madame** oder **Mademoiselle** angeredet? Grundsätzlich wird **Mademoiselle** häufiger verwendet als »Fräulein« im Deutschen. Eine (ganz) junge (nicht verheiratete) Frau wird mit **Mademoiselle** angesprochen.

Premier dîner en famille

LEKTION 2

Caroline: Ce soir, il y a de la soupe, une omelette et de la salade verte, après du fromage ou des yaourts, j'ai aussi des fruits. Vous avez faim, Sabine?

Sabine: Oui, mais j'ai surtout soif.

Caroline: Vous voulez du jus de fruit, de l'eau minérale, du vin, de la bière?

Sabine: Pour moi, juste un verre d'eau, s'il vous plaît.

Caroline: Vous aimez la soupe?

Sabine: Oh oui, beaucoup.

Michel: Alors parlez-nous de Munich. C'est une belle ville, je crois.

Sabine: Oui, j'aime beaucoup le Jardin anglais et puis les Alpes pour le ski en hiver.

Caroline: Vous faites du ski alpin ou du ski de fond?

Lektion 2 — Dialog

Sabine: Je préfère le ski alpin.
Florent: Tu fais d'autres sports?
Sabine: En été je fais de la randonnée, je vais nager à la piscine ou dans les lacs près de Munich.
Caroline: Nous aimons aussi la randonnée mais plutôt en automne dans les forêts des environs de Paris.
Sabine: Et toi, Annick, qu'est-ce que tu aimes faire comme sport?
Annick: Moi, j'aime bien faire du vélo à la campagne en été. Je vais souvent à la piscine.
Sabine: Et toi, Julie, tu aimes aussi aller à la piscine?
Julie: Oui, moi, je sais nager depuis les dernières vacances en Bretagne!

Das erste Abendessen in der Familie

Caroline: Heute Abend gibt es Suppe, ein Omelett, grünen Salat und danach Käse oder Jogurt, ich habe auch Obst da. Sind Sie hungrig, Sabine?
Sabine: Ja, aber ich habe vor allem Durst.
Caroline: Was möchten Sie denn trinken, Fruchtsaft, Mineralwasser, Wein, Bier?
Sabine: Für mich nur ein Glas Wasser, bitte!
Caroline: Essen Sie gerne Suppe?
Sabine: Ja, gerne.
Michel: Erzählen Sie uns etwas über München. Ich glaube, es ist eine schöne Stadt.
Sabine: Ja, der Englische Garten gefällt mir sehr gut, im Winter gehe ich auch gerne in die Alpen zum Skifahren.
Caroline: Fahren Sie Alpin oder machen Sie Langlauf?
Sabine: Ich fahre lieber Alpin.
Florent: Machst du noch andere Sportarten?
Sabine: Im Sommer gehe ich wandern, ich gehe im Schwimmbad oder in den Seen in der Nähe von München schwimmen.
Caroline: Wir wandern auch gerne, aber eher im Herbst in den Wäldern in der Umgebung von Paris.
Sabine: Und du, Annick, was für einen Sport magst du?

Grammatik, Übung Lektion 2

Annick: Ich fahre im Sommer auf dem Land gerne Rad. Ich gehe oft ins Schwimmbad.
Sabine: Und du Julie, gehst du auch gerne ins Schwimmbad?
Julie: Ja, seit dem letzten Urlaub in der Bretagne kann ich schwimmen!

Präsens von faire und aller

faire (machen/tun)
je fais
tu fais
il / elle fait
nous faisons
vous faites
ils / elles font

aller (gehen/fahren)
je vais
tu vas
il / elle va
nous allons
vous allez
ils / elles vont

Setzen Sie die richtigen Verbformen ein:

1. Je (faire) .... du vélo.

2. Elle (aller) .... à la piscine.

3. Ils (faire) .... du sport.

4. Je (aller) .... à Munich.

5. Il (faire) .... du vélo.

6. Elle (aller) .... faire du ski.

Übung 1

Lektion 2   Grammatik

Der Teilungsartikel: du, de la, de l'

maskulin **du (de + le)**   **de l'** (vor Vokal +
                                       stummem h)
            du café (Kaffee)   **de l'argent** (Geld)

feminin   **de la**
            de la salade (Salat) **de l'eau** (Wasser)

■ Merke:
Es gibt im Deutschen keine Entsprechung für den Teilungsartikel.
du, de la, de l' bezeichnen eine **unbestimmte Menge**. *Vous voulez de l'eau?* Möchten Sie Wasser? *J'ai du café.* Ich habe Kaffee.

Bei einer **präzisen Mengenangabe** verwendet man nur **de** oder **d'** vor **Vokal** und **stummem h**, z.B. **un verre de** vin ein Glas Wein, **un verre de** bière ein Glas Bier, **un verre d'eau** ein Glas Wasser, d. h. ohne den Artikel des folgenden Substantivs.
Der Teilungsartikel wird auch bei einigen festen Wendungen gebraucht, z.B. **faire du vélo** Rad fahren, **faire du sport** Sport treiben.

Der Plural der Substantive

Der Plural der Substantive wird im allgemeinen durch ein an den Singular angefügtes **s** gebildet.

Singular	*Plural*
le sac	**les** sac**s**
la valise	**les** valise**s**
un enfant	**des** enfant**s**
un fruit	**des** fruit**s**
une omelette	**des** omelette**s**

Übung, Wortschatz — Lektion 2

Übung 2

Setzen Sie **du, de la, de l', des** ein:

Caroline fait … randonnée. Moi, je fais … ski, et toi? Moi, je fais … vélo. Ce soir, il y a … fromage, … fruits, … salade verte. Vous voulez … bière?

Übung 3

Setzen Sie **un, une, des** ein:

Il y a ………… lacs près de Munich. Elle a ………… voiture. Nous avons ………… bagages. Ils ont ………… enfants. Vous avez ………… verre?

Übung 4

Setzen Sie die passenden Verbformen ein:

Elle aim …… faire du ski. J'aim …… Paris en hiver. Nous aim …… nager. Vous aim …… Brahms? Tu aim …… faire du vélo? Les enfants aim …… les vacances à la campagne.

Wortschatz

à la campagne	auf dem Land
aimer	mögen
avoir faim	Hunger haben
avoir soif	Durst haben
beaucoup	hier: gerne
bière *f*	Bier
campagne *f*	Land
ce soir	heute Abend
crois (croire)	glauben
depuis	seit
dîner *m*	Abendessen
eau minérale *f*	Mineralwasser
en automne	im Herbst
en Bretagne	in die / der Bretagne
en été	im Sommer
en hiver	im Winter
faire de la randonnée	wandern
faire du ski	Ski fahren
faire du vélo	Rad fahren
forêt *f*	Wald
fromage *m*	Käse
fruit *m*	Frucht
famille *f*	Familie
il y a	es gibt
jardin *m*	Garten

▶

jus de fruits *m*	Fruchtsaft	**ski alpin** *m*	Abfahrt
juste	nur	**ski de fond** *m*	Langlauf
lac *m*	See		
les dernières vacances	der letzte Urlaub	**ski** *m*	Ski
		soir *m*	Abend
Munich	München	**soupe** *f*	Suppe
nager	schwimmen	**sport** *m*	Sport
omelette *f*	Omelett	**vacances** *f pl*	Urlaub
parler de	erzählen über	**vélo** *m*	Fahrrad
piscine *f*	Schwimmbad	**verre** *m*	Glas
préférer	vorziehen	**ville** *f*	Stadt
près de	in der Nähe von	**vin** *m*	Wein
randonnée *f*	Wanderung	**vouloir** (**vous voulez**)	wollen
savoir (je sais)	können / wissen		
salade *f*	Salat	**yaourt** *m*	Jogurt

Eßgewohnheiten der Franzosen

Die Franzosen legen keinen großen Wert auf das Frühstück, es gibt in der Regel kein langes reichhaltiges Frühstück. Das klassische Frühstück **(petit déjeuner)** zu Hause besteht aus Kaffee/Tee/Kakao, Brot oder Zwieback, Butter, Konfitüre. Viele Leute frühstücken lieber in einem Café an der Theke mit Kaffee und Croissants, bevor sie zur Arbeit fahren. Die Franzosen essen dafür zweimal am Tag warm, mittags zum **déjeuner**, abends zum **dîner**. Die Mittagpause dauerte früher ein bis zwei Stunden; das moderne Büroleben hat die Mittagspause in den Großstädten erheblich verkürzt. Abends wird selten vor 8 Uhr gegessen. Schulkinder haben den ganzen Tag Schule und essen oft dort in der Kantine zu Mittag. Am späten Nachmittag bekommen sie **un goûter** (kleine Brotzeit).

Première journée à Paris

LEKTION 3

Petit déjeuner.
Caroline: Bonjour Sabine! Bien dormi?
Sabine: Très bien, merci!
Caroline: Servez-vous, il y a du pain, du beurre, de la confiture, des corn-flakes si vous voulez. Vous prenez du café, du thé, du chocolat?
Sabine: Je prends du thé.
Caroline: Qu'est-ce que vous faites aujourd'hui?
Sabine: J'accompagne d'abord Julie à la maternelle et après je passe chercher le programme des cours de langue à l'Alliance française.
Caroline: C'est tout près de chez nous, mais prenez quand même un plan de Paris.

A l'Alliance française.
Sabine: Bonjour, je voudrais faire un cours intensif de français.

Secrétaire: Oui, vous avez fait combien d'années de français?
Sabine: 4 ans au lycée.
Secrétaire: Bien, je vous donne le programme. Vous pouvez choisir un cours. Je vous conseille le niveau moyen ou avancé, de toute façon avant l'inscription, vous devez faire un test.
Sabine: D'accord, les cours commencent quand?
Secrétaire: La semaine prochaine, vous devez remplir ce formulaire.

Erster Tag in Paris

Frühstück.
Caroline: Guten Morgen, Sabine! Gut geschlafen?
Sabine: Danke, sehr gut!
Caroline: Bedienen Sie sich; es gibt Brot, Butter, Marmelade oder, wenn Sie wollen, Cornflakes. Nehmen Sie Kaffee, Tee, Kakao?
Sabine: Ich nehme Tee.
Caroline: Was haben Sie heute vor?
Sabine: Ich bringe zuerst Julie in den Kindergarten und dann besorge ich mir das Kursprogramm der Alliance française.
Caroline: Das ist ganz in der Nähe, aber nehmen Sie trotzdem einen Stadtplan mit.
Bei der Alliance française.
Sabine: Guten Tag, ich möchte einen Intensivkurs machen.
Sekretärin: Ja, wie viel Jahre haben Sie Französisch gelernt?
Sabine: 4 Jahre auf dem Gymnasium.
Sekretärin: Gut, ich gebe Ihnen das Programm. Sie können sich einen Kurs aussuchen. Ich empfehle Ihnen einen Kurs der Mittelstufe oder einen für Fortgeschrittene. Sie müssen aber auf jeden Fall vor der Einschreibung einen Test machen.
Sabine: O.K., wann fangen die Kurse an?
Sekretärin: Nächste Woche, Sie müssen dieses Formular ausfüllen.

Grammatik, Übung — Lektion 3

Präsens von prendre und vouloir

prendre (nehmen)

je prends
tu prends
il / elle prend
nous prenons
vous prenez
ils / elles prennent

vouloir (wollen)

je veux
tu veux
il / elle veut
nous voulons
vous voulez
ils / elles veulent

Übung 1

Setzen Sie die passenden Verbformen von **prendre** ein:

Qu'est-ce que tu .... au petit déjeuner? Je .... du thé. Caroline .... du café. Annick et Julie .... du chocolat. Florent .... des corn-flakes. Nous .... du pain et de la confiture.

Frage durch Satzbetonung und Teilfrage mit qu'est-ce que

Vous avez des bagages? — Haben Sie Gepäck?
Vous êtes monsieur Rougier? — Sind Sie Herr Rougier?
Vous voulez de l'eau minérale? — Möchten Sie Mineralwasser?

Bei dieser Form von Fragesatz gibt es in der Satzstellung keinen Unterschied zwischen dem Aussagesatz und dem Fragesatz.

Aussagesatz: *Julie sait nager.* — Julie kann schwimmen.
Fragesatz: *Julie sait nager?* — Kann Julie schwimmen?

Qu'est-ce que vous faites aujourd'hui? — Was machen Sie heute?
Qu'est-ce que tu aimes (faire) comme sport? — Was für einen Sport magst du?

Lektion 3 — Grammatik, Übung

> Mit **qu'est-ce que** (was) fragen Sie nach einer Sache. Dieser Fragesatz enthält eine **Teilfrage**, die sich nur auf eine bestimmte Information bezieht.

Übung 2

Stellen Sie Fragen mit **qu'est-ce que** nach folgendem Muster:

Qu'est-ce que vous prenez? *Je prends du café.*

1. .... Je prends du thé.

2. .... J'aime faire du vélo.

3. .... Je veux faire du sport.

4. .... Je fais de la randonnée.

5. .... Je prends de l'eau minérale.

6. .... J'aime la musique classique.

7. .... J'accompagne Julie à la maternelle.

8. .... Je veux faire un cours intensif.

Präsens von devoir und pouvoir

devoir (müssen)	***pouvoir*** (können)
je dois	*je peux*
tu dois	*tu peux*
il / elle doit	*il / elle peut*
nous devons	*nous pouvons*
vous devez	*vous pouvez*
ils / elles doivent	*ils / elles peuvent*

Übung, Wortschatz Lektion 3

Übung 3

Setzen Sie die passenden Verbendungen ein:

1. Je (devoir) .... accompagner Julie à la maternelle.
2. Vous (devoir) .... faire un test.
3. Elle (pouvoir) .... passer chercher le programme.
4. Je (pouvoir) .... choisir un cours intensif.

Übung 4

Qu'est-ce que vous faites aujourd'hui? Bilden Sie einen Satz:

1. J'accompagne	a nager à la piscine
2. Je passe	b chercher le programme des cours
3. Je fais	c un cours intensif
4. Je vais	d Julie à la maternelle
5. Je dois	e faire un test

Übung 5

Ein Wort passt nicht in die Reihe. Welches? Kreuzen Sie es an.

☐ le jus de fruit ☐ la bière ☐ l'eau minérale ☐ le pain

☐ le ski ☐ la randonnée ☐ la gare ☐ le sport

☐ les fleurs ☐ la confiture ☐ le fromage ☐ la salade

☐ le cours ☐ l'inscription ☐ les vacances ☐ le test

☐ le lac ☐ la forêt ☐ la ville ☐ le jardin

Wortschatz

accompagner	begleiten
an *m*	Jahr
année *f*	Jahr
après	danach
aujourd'hui	heute
avant	vor
beurre *m*	Butter
bien	gut
café *m*	Kaffee
chocolat *m*	Schokolade
combien de	wie viel
commencer	anfangen
confiture *f*	Konfitüre / Marmelade
cours de français *m*	Französischkurs
cours de langue *m*	Sprachkurs

▶

TRENTE-SEPT

cours intensif *m*	Intensivkurs	niveau moyen *m*	Mittelstufe
d'abord	zuerst	programme *m*	Programm
d'accord	einverstanden	pain *m*	Brot
devoir (vous devez)	müssen	passer chercher	abholen
dormi (dormir)	geschlafen	plan *m*	(Stadt-)Plan
fait (faire)	gemacht / getan	pouvoir (vous pouvez)	können
l'Alliance française *f*	Name einer berühmten staatlichen Sprachenschule	prendre (vous prenez)	nehmen
		qu'est-ce que?	was?
		quand	wann
inscription *f*	Einschreibung	quand même	trotzdem
la semaine prochaine	nächste Woche	se servir (servez-vous)	sich bedienen
lycée *m*	Gymnasium	test *m*	Test
maternelle *f*	Kindergarten / Vorschule	thé *m*	Tee
		tout près de chez nous	ganz in der Nähe von uns
merci	danke	vouloir (je voudrais, vous voulez)	wollen
niveau avancé *m*	für Fortgeschrittene		

Das französische Bildungssystem

Es gibt für berufstätige Frauen mehr Möglichkeiten, ihr Kind in einer Krippe unterzubringen als in Deutschland. Die französischen Kinder sind bereits mit 6 Jahren schulpflichtig. Die meisten gehen schon mit 3 Jahren in die **école maternelle**; diese Einrichtung enspricht einem Kindergarten mit Vorschulcharakter. Die französische **école primaire** (Grundschule) dauert 5 Jahre und ist eine Ganztagsschule. Die Sekundarstufe umfasst 5 Jahre auf einem **collège** mit dem **brevet** als Schulabschluss. Das **brevet** entspricht ungefähr der Mittleren Reife in Deutschland. Wer sich auf das Abitur **(baccalauréat)** vorbereiten möchte, geht anschließend 3 Jahre auf ein **lycée**.

Courses dans le quartier

Caroline: Sabine, je peux te demander un service?
Sabine: Bien sûr, de quoi s'agit-il?
Caroline: Voilà, j'ai téléphoné à Mamie. Elle est malade. Je vais la voir cet après-midi et avant je passe à la pharmacie pour elle. Il est déjà 11 heures et je n'ai pas le temps de faire les courses. Tu pourrais aller au marché?
Sabine: Oui, de toute façon je n'ai rien de prévu ce matin. Je dois passer à la poste, le marché est à côté.
Caroline: Bon, alors prends un kilo de tomates, une salade et des fruits, s'il te plaît.
Sabine: C'est tout?
Caroline: Oui, ne m'attends pas pour déjeuner.
Sabine: D'accord, alors à plus tard.
Au marché.
Marchand: A qui le tour?
Sabine: C'est à moi.
Marchand: Qu'est-ce qu'il vous faut?

Sabine:	Un kilo de tomates à 2,20 euros, s'il vous plaît.
Marchand:	Et avec ça?
Sabine:	Une salade.
Marchand:	Qu'est-ce que vous préférez? Une laitue, une frisée?
Sabine:	Donnez-moi une frisée. Qu'est-ce que vous avez comme pommes aujourd'hui?
Marchand:	J'ai des golden superbes, pas cher en plus, je vous en mets combien?
Sabine:	Un kilo, s'il vous plaît.
Marchand:	Vous désirez autre chose?
Sabine:	Merci, ça sera tout.
Marchand:	Bon, ça fait 10 euros.

Einkaufen im Viertel

Caroline:	Sabine, kannst du mir einen Gefallen tun?
Sabine:	Sicher, worum geht es?
Caroline:	Also, ich habe Oma angerufen. Sie ist krank. Ich besuche sie heute Nachmittag und muss vorher noch für sie zur Apotheke. Es ist schon 11 Uhr und ich habe keine Zeit mehr einzukaufen. Könntest du auf den Markt gehen?
Sabine:	Ja, ich habe heute Morgen sowieso nichts vor. Ich muss zur Post und der Markt ist gleich in der Nähe.
Caroline:	Gut, dann kauf bitte ein Kilo Tomaten, einen Salat und Obst.
Sabine:	Ist das alles?
Caroline:	Ja, warte mit dem Mittagessen nicht auf mich.
Sabine:	O.K., dann bis später.
Auf dem Markt.	
Händler:	Wer ist der Nächste, bitte?
Sabine:	Ich.
Händler:	Was darf's sein?
Sabine:	Bitte ein Kilo Tomaten zu 2,20 Euro.
Händler:	Noch etwas?

Dialog, Grammatik — Lektion 4

Sabine: Einen Salat.
Händler: Was haben Sie lieber, einen Kopfsalat oder einen Frisee?
Sabine: Geben Sie mir bitte einen Friseesalat. Was haben Sie heute für Äpfel?
Händler: Ich habe wunderschöne Golden Delicious und auch gar nicht teuer, wie viel möchten Sie ?
Sabine: Ein Kilo.
Händler: Darf es sonst noch etwas sein?
Sabine: Nein danke, das ist alles.
Händler: Gut, das macht 10 Euro.

Die Grundzahlen

0 zéro	**23** vingt-trois
1 un / une	**25** vingt-cinq
2 deux	**26** vingt-six
3 trois	**27** vingt-sept
4 quatre	**28** vingt-huit
5 cinq	**29** vingt-neuf
6 six	**30** trente
7 sept	**31** trente et un(e)
8 huit	**32** trente-deux
9 neuf	**33** trente-trois usw.
10 dix	**40** quarante
11 onze	**41** quarante et un(e)
12 douze	**42** quarante-deux
13 treize	**43** quarante-trois usw.
14 quatorze	**50** cinquante
15 quinze	**51** cinquante et un(e)
16 seize	**52** cinquante-deux
17 dix-sept	**53** cinquante-trois usw.
18 dix-huit	**60** soixante
19 dix-neuf	**61** soixante et un(e)
20 vingt	**62** soixante-deux usw.
21 vingt et un(e)	**70** soixante-dix
22 vingt-deux	**71** soixante et onze

Lektion 4 — Grammatik

72 soixante-douze	**91** quatre-vingt-onze
73 soixante-treize	**92** quatre-vingt-douze
74 soixante-quatorze	**93** quatre-vingt-treize
75 soixante-quinze	**94** quatre-vingt-quatorze
76 soixante-seize	**95** quatre vingt-quinze
77 soixante-dix-sept	**96** quatre-vingt-seize
78 soixante-dix-huit	**97** quatre-vingt-dix-sept
79 soixante dix-neuf	**98** quatre-vingt-dix-huit
80 quatre-vingt(s)	**99** quatre-vingt-dix-neuf
81 quatre-vingt-un(e)	**100** cent
82 quatre-vingt-deux	**101** cent un(e)
83 quatre-vingt-trois	**110** cent dix
84 quatre-vingt-quatre	**180** cent quatre vingts
85 quatre-vingt-cinq	**200** deux cents
86 quatre-vingt-six	**201** deux cent un(e)
87 quatre-vingt-sept	**1000** mille
88 quatre-vingt-huit	**2000** deux mille
89 quatre-vingt-neuf	**1.000.000** un million
90 quatre-vingt-dix	**2.000.000** deux millions

Aufgepasst

■ Merke:
Bei 21, 31, 41, 51, 61 wird **et** verwendet.
Die Zahl 70 wird aus 60 und 10 zusammengesetzt, die Zahl 80 aus 4 x 20, die Zahl 90 aus 40 x 20 + 10. Ab 100 fällt der Bindestrich weg. 1000 ist unveränderlich.

Jahreszahlen werden auf zweierlei Art gelesen:
1995: *mille neuf cent quatre-vingt-quinze* oder:
dix-neuf cent quatre-vingt-quinze

Übung Lektion 4

Übung 1

Setzen Sie die richtigen Zahlen ein:

trois .... huit ....

quatre .... quatre-vingt-dix ....

cinquante .... onze ....

seize .... trente et un ....

treize .... cent un ....

quarante .... quatre-vingt-un ....

quinze .... soixante et onze ....

six .... cent quatorze ....

trente .... cinq cents ....

quatorze .... cinquante mille ....

cinq .... trois mille ....

soixante .... mille sept cent quatre-vingt-neuf ....

sept ....

quatre-vingt-huit .... mille neuf cent dix-huit ....

neuf .... dix-sept cent quatre-vingt-neuf ....

soixante-dix .... deux millions ....

soixante-dix-huit ....

Übung 2

Setzen Sie folgende historische Daten im Verbindung mit den richtigen Zahlen, die Sie bitte noch ausschreiben!

1. 1492 .... **a** Mort (Tod) de John Lennon

2. 1789 .... **b** François Mitterand président

3. 1912 .... **c** la Révolution française

4. 1945 .... **d** la Chute du Mur de Berlin (der Fall der Berliner Mauer)

Lektion 4 — Übung, Grammatik

5. 1961 .... **e** Christophe Colomb découvre (entdeckt) l'Amérique

6. 1980 .... **f** John Kennedy président

7. 1981 .... **g** le naufrage (Untergang) du Titanic

8. 1989 .... **h** Hiroshima

Das Perfekt mit avoir

*J'**ai** téléphon**é** à Sabine deux fois.* Ich habe Sabine zweimal angerufen.

*Elle **a** aim**é** le film.* Der Film hat ihr gefallen.

Das **Perfekt** *(passé composé)* ist eine Zeit der Vergangenheit, die mit dem **Hilfsverb *avoir*** und dem **Partizip Perfekt** des Hauptverbs gebildet wird. Das Partizip Perfekt wird bei regelmäßigen Verben vom Infinitiv abgeleitet: Infinitivendung **-er** wird durch ein **é** ersetzt, z. B. *téléphon**é**, achet**é***. Einige Verben bilden das *passé composé* mit *être*, z.B. *aller* (vgl. Lektion 7).

Das *passé composé* mit *avoir*:

avoir	Partizip Perfekt	Infinitiv
j'ai	**téléphoné** à Sabine	téléphon**er** (anrufen)
tu as	**cherché** le plan	cherch**er** (suchen)
elle / il a	**aimé** le film	aim**er** (mögen)
nous avons	**parlé** français	parl**er** (sprechen)
vous avez	**nagé** 1000 mètres	nag**er** (schwimmen)
elles / ils ont	**accompagné** Sabine	accompagn**er** (begleiten)

Übung, Wortschatz — Lektion 4

Übung 3

Bilden Sie das Perfekt mit *avoir*:

Je cherche un plan du métro.
....

J'accompagne Sabine à la gare.
....

Elle parle de ses vacances en Bretagne.
....

Elle aime le ski nautique (Wasserski).
....

Elle commence un cours intensif de français. ....

Nous téléphonons à Caroline.
....

Übung 4

Bilden Sie einen Dialog:

1. A qui le tour?
2. Qu'est-ce qu'il vous faut?
3. Vous désirez autre chose?
4. Et avec ça?

a Donnez-moi un kilo de tomates.
b Ça sera tout.
c Une salade.
d C'est à moi.

Wortschatz

à plus tard	bis später
à	zu
aller voir	besuchen
attendre (attends)	warten
avant	vorher
avoir le temps de	Zeit haben
c'est tout	das ist alles
ça fait (faire)	das macht
ça sera tout	das ist alles
cet après-midi	heute Nachmittag
courses *f pl*	Einkaufen / Einkäufe
déjà	schon
demander	fragen
désirer (désirez)	mögen
en plus	dazu
faire les courses	einkaufen gehen
franc (F) *m*	Franc (FF)
frisée *f*	Friseesalat
fruit *m*	Frucht
il est 11 heures	es ist 11 Uhr
il s'agit de (s'agir de)	es handelt sich um

je vous en mets combien?	wie viel möchten Sie haben?	**pharmacie** *f*	Apotheke
		pomme *f*	Apfel
		quartier *m*	Viertel
kilo *m*	Kilo	**s'il vous plaît**	bitte
laitue *f*	Kopfsalat	**s.v.p.** *(Abk.)*	bitte
malade	krank	**salade** *f*	Salat
Mamie	Oma	**service** *m*	Gefallen
marchand (de légumes) *m*	Gemüsehändler	**superbe**	sehr schön
		téléphoner à	anrufen
marché *m*	Markt	**tomate** *f*	Tomate
pas cher	billig / nicht teuer	**tu pourrais? (pouvoir)**	könntest du?
passer à	gehen (zu)	**voilà**	also

Einkaufen in Frankreich

Grundsätzlich haben alle Läden in Frankreich länger geöffnet als in Deutschland. Lebensmittelgeschäfte, Kaufhäuser und kleinere Geschäfte sind in der Regel montags geschlossen.

Es gibt Unterschiede zwischen Paris, den anderen Großstädten und der Provinz. Lebensmittelgeschäfte haben überall am Samstag ganztägig (wenigstens bis 19.30 Uhr!) und am Sonntagvormittag geöffnet. Viele Geschäfte sind in der Mittagszeit zwei Stunden geschlossen. Einkaufszentren haben oft durchgehend geöffnet.

Die traditionellen Märkte gibt es immer noch, obwohl die Mehrheit der Franzosen alle Einkäufe im Supermarkt erledigt.

LEKTION

Une journée avec les enfants

5

Sabine: Julie, Annick, qu'est-ce qu'on fait cet après-midi?

Annick: On attend Florent, c'est sa fête aujourd'hui, il rentre à 4 heures.

Julie: Hier, tu as promis de faire des crêpes, c'est une surprise.

Sabine: D'accord, on fait des crêpes pour le goûter et ce soir pas de cuisine!

Annick: Bonne idée, de toute façon les parents ne sont pas là. Ecoute, encore un quart d'heure pour finir mes devoirs et je peux t'aider. Si tu veux, commence avec Julie.

Sabine: Bon, mais viens quand même me montrer où sont les affaires dans la cuisine.

Annick: On a besoin de quoi pour faire les crêpes?

Sabine: D'un grand saladier et d'un mixer.

Lektion 5 — Dialog

Annick: Alors, prends le grand saladier en plastique rouge qui est dans le placard sous l'évier, en bas. Le mixer est sur l'étagère au dessus du frigo. Si tu préfères travailler la pâte avec une cuillère en bois, c'est dans le tiroir de la table.
Sabine: Je vais me débrouiller.
Annick: Dis Sabine, les parents rentrent tard aujourd'hui, on pourrait tous aller au cinéma à 6 heures.
Julie: Ouais, super!
Sabine: Pourquoi pas! Le Roi des Lions passe à côté à Odéon, il y a une séance à 6 heures.
Annick: Bonne idée, Florent adore aller au ciné.
Sabine: Moi aussi.
Julie: Sabine, je sucre les crêpes?
Sabine: Si tu veux, mais pas trop de sucre comme la dernière fois!

4 heures, des bruits de pas dans l'escalier, Florent arrive.
Annick, Julie,
Sabine: Bonne fête, Florent!
Florent: Salut les filles! Tiens, ça sent bon, vous m'avez fait des crêpes pour ma fête! C'est sympa!
Sabine: Après si tu as envie on t'invite au ciné, le Roi des Lions passe à Odéon.
Florent: Génial!

Ein Tag mit den Kindern

Sabine: Julie, Annick, was machen wir heute Nachmittag?
Annick: Wir warten auf Florent. Heute ist sein Namenstag. Er kommt um 4 Uhr zurück.
Julie: Gestern hast du versprochen, als Überraschung für ihn Crêpes (Pfannkuchen) zu machen.
Sabine: Also schön, wir machen Crêpes zur Brotzeit und lassen das Abendessen ausfallen.

Annick:	Gute Idee, die Eltern sind sowieso nicht da. Hör mal, ich brauche noch eine Viertelstunde um meine Hausaufgaben fertig zu machen, dann kann ich dir helfen. Wenn du willst, fang doch mit Julie schon mal an.
Sabine:	Na gut, aber zeig mir, wo die Sachen in der Küche sind.
Annick:	Was braucht man um Crêpes zu machen?
Sabine:	Eine große Schüssel und einen Mixer.
Annick:	Dann nimm die große rote Plastikschüssel, die ganz unten im Schrank unter der Spüle ist. Der Mixer ist auf dem Regal über dem Kühlschrank. Wenn du den Teig lieber mit einem Holzlöffel rührst, der ist in der Tischschublade.
Sabine:	Ich komme schon zurecht.
Annick:	Sag mal Sabine, heute kommen die Eltern spät zurück, wir könnten alle zusammen um 6 Uhr ins Kino gehen.
Julie:	Ja, super!
Sabine:	Warum nicht? Im Odeon gleich um die Ecke läuft »Der König der Löwen«. Es gibt eine Vorstellung um 6 Uhr.
Annick:	Gute Idee, Florent geht sehr gerne ins Kino.
Sabine:	Ich auch.
Julie:	Sabine, soll ich die Pfannkuchen zuckern?
Sabine:	Wenn du magst, aber nicht so viel Zucker wie beim letzten Mal!

4 Uhr, man hört Schritte im Treppenhaus.

Annick, Julie, Sabine	Alles Gute zum Namenstag, Florent!
Florent:	Hallo Mädels! Na, das riecht aber gut, Ihr habt mir Pfannkuchen zum Namenstag gemacht! Das ist ganz toll!
Sabine:	Danach laden wird dich ins Kino ein. Es gibt »Der König der Löwen« im Odeon.
Florent:	Toll!

Lektion 5　　　　　　　　　　　　　　　　　　　　Grammatik

on in der Bedeutung von nous

*Qu'est-ce qu'**on fait** cet après-midi?*
*Qu'est-ce que **nous faisons** cette après-midi?*
Was machen wir heute Nachmittag?

Das unbestimmte Personalpronomen **on** (man) kann in der Alltagssprache die erste Person Plural **nous** ersetzen. **On** kommt nur als Subjekt vor und wird immer von einem Verb im Singular begleitet.

Die Verben auf -ir und -re

Präsens

finir (beenden / enden)　　**attendre** (warten)

je finis	*j'attends*
tu finis	*tu attends*
il / elle / on finit	*il / elle / on attend*
nous finissons	*nous attendons*
vous finissez	*vous attendez*
ils / elles finissent	*ils / elles attendent*

ebenso: *choisir* (aussuchen), *remplir* (ausfüllen), *répondre* (antworten), *vendre* (verkaufen)

Partizip Perfekt

auf *-i:* fin**i**　　　　　　*j'ai fini, tu as fini* usw.
auf *-u:* attend**u**　　　　*j'ai attendu, tu as attendu* usw.

Übung — Lektion 5

Übung 1

Ersetzen Sie in folgenden Sätzen *nous* durch *on*:

Nous choisissons un film.
....

Nous allons au café.
....

Nous téléphonons à Sabine.
....

Nous attendons Sabine.
....

Nous prenons le bus.
....

Nous rentrons à 8 heures.
....

Nous faisons des crêpes.
....

Übung 2

Setzen Sie die Präsensform ein:

1. Elle (choisir) .... le programme de cinéma.
2. Nous (attendre) .... Florent.
3. Je (remplir) .... le formulaire d'inscription.
4. Vous (attendre) .... Sabine?
5. Je (attendre) .... les parents.

Lektion 5 — Übung, Grammatik

Übung 3

Bilden Sie die Präsensform :

1. Nous avons accompagné Sabine à l'Alliance française.

   ....

2. Ils ont fini le test à 6 heures.

   ....

3. J'ai travaillé cet après-midi.

   ....

4. On a attendu Sabine au café à 7 heures.

   ....

5. Elle a pris un thé.

   ....

6. On a invité Sabine au cinéma.

   ....

Der Imperativ

Aufforderungen werden mit der Imperativform gebildet. Die Form des Imperativs entspricht der Form der **2. Person Singular** bzw. der **2. Person Plural des Präsens**. Der Imperativ der Verben auf *-er* hat jedoch in der 2. Person Singular **kein s**!

Aufgepasst

Commence déjà avec Julie!	Fang schon mit Julie an!
Commencez sans moi!	Fangen Sie ohne mich an!
Remplis le formulaire!	Füll das Formular aus!
Choisissez le menu!	Wählen Sie das Menü aus!
Attends!	Warte!
Attendez Sabine!	Wartet / Warten Sie auf Sabine!

Übung   Lektion 5

Was sagen Sie, wenn Sie ...

Übung 4

1. ... etwas brauchen?   **a** j'ai besoin de ...
                            b je veux ...

2. ... jemandem zum Na- **a** Bonne idée!
menstag gratulieren?   **b** Bonne fête!

3. ... einen Vorschlag   **a** c'est sympa!
machen?   **b** on pourrait aller au cinéma!

Ein Wort passt nicht in die Reihe. Welches? Kreuzen Sie es an.

Übung 5

☐ le tiroir   ☐ le saladier   ☐ la cuillère   ☐ le mixer

☐ le café   ☐ le cinéma   ☐ la gare   ☐ la cuisine

☐ aujourd'hui   ☐ à 6 heures   ☐ la fête   ☐ le matin

☐ le frigo   ☐ la table   ☐ le bois   ☐ le placard

☐ la salade   ☐ la surprise   ☐ les tomates   ☐ les crêpes

☐ le petit   ☐ le déjeuner   ☐ le pain   ☐ le goûter
déjeuner

☐ sur   ☐ sous   ☐ pour   ☐ dans

Setzen Sie die passenden Verbendungen ein:

Übung 6

1. Je m'appell............ Caroline.

2. Je te présent............ Patrick.

3. Vous téléphon............ à Caroline.

4. Elle demand............ le programme.

5. Le film commenc............ à 6 heures.

6. Tu accompagn............ Sabine au marché.

7. Vous rentr............ tard.

8. Les enfants ador............ les crêpes.

Lektion 5   Übung, Wortschatz

9. Tu arriv............ à la gare de l'Est.

10. Ils aim............ faire du ski.

Wortschatz

à 6 heures	um 6 Uhr	écouter	hören
à côté	um die Ecke / nebenan	en bas	unten
		en bois	aus Holz
à quatre heures	um vier Uhr	en plastique	aus Plastik
adorer	gern tun	escalier *m*	Treppe
affaires *f pl*	Sachen	étagère *f*	Regal
aider	helfen	évier *m*	Spüle
attendre	warten (auf)	faire la cuisine	kochen
au dessus (de)	über	fête *f*	Namenstag
aujourd'hui	heute	finir	beenden / enden
avoir besoin de	brauchen		
avoir envie (de)	Lust haben	cet après-midi *m* oder *f*	heute Nachmittag
bon adv.	gut		
bon, bonne adj.	gut	génial	super
bonne fête!	Alles Gute zum Namenstag!	goûter *m*	Brotzeit (für Kinder)
		grand	groß
bruit *m*	Geräusch	hier	gestern
ça sent (sentir)	das riecht (nach)	idée *f*	Idee
		inviter	einladen
ce soir	heute Abend	la dernière fois	das letzte Mal
ciné *m* (umgangssprachlich für **cinéma**)	Kino	lion *m*	Löwe
		moi aussi	ich auch
		on pourrait (pouvoir)	man könnte / wir könnten
cinéma *m*	Kino	où	wo / wohin
comme	wie	ouais (umgangssprachlich für **oui**)	ja
commencer	anfangen		
crêpe *f*	Crêpe / Pfannkuchen		
		parents *m pl*	Eltern
cuillère *f*	Löffel	pas *m*	Schritt
cuisine *f*	Küche	passer	laufen / spielen (für einen Film)
de toute façon	sowieso		
devoirs *m pl*	Hausaufgaben		
dire (dis)	sagen		

Wortschatz, Landeskunde — Lektion 5

placard *m*	Schrank	**séance** *f*	Vorstellung
pourquoi pas	warum nicht	**sous**	unter
promis (**promettre**)	versprochen	**sucre** *m*	Zucker
		sucrer	zuckern
quand même	trozdem	**surprise** *f*	Überraschung
quart d'heure *m*	Viertelstunde	**sympa**	toll
rentrer	zurückkommen	**table** *f*	Tisch
		tard	spät
roi *m*	König	**tiroir** *m*	Schublade
rouge	rot	**tous**	alle
saladier *m*	Schüssel	**travailler**	verarbeiten
se débrouiller	zurechtkommen	**trop** (**de**)	zu viel
		venir (**viens**)	kommen

Bonne fête! Der Namenstag hat in Frankreich eine größere Bedeutung als in Deutschland. Zu diesem Anlass gibt es Blumen oder kleine Geschenke. In vielen Familien wird eher der Namenstag als der Geburtstag gefeiert. Im Anschluss an die Nachrichten werden die Namenstage genannt.

Test 1

Test 1

1 Entscheiden Sie sich für eine der beiden Lösungen. Springen Sie dann zu dem durch die Nummer bezeichneten Feld.

2 ... cherchons la rue de Fleurus.

Nous ⇨ 8
Vous ⇨ 15

6 Falsch!

Wieder zurück zu Nummer 8.

7 Falsch!

Wieder zurück zu Nummer 4.

11 Falsch!

Wieder zurück zu Nummer 29.

12 Sehr gut, weiter ... sont trois.

Ils ⇨ 16
Nous ⇨ 24

16 Gut, weiter: ... rentre à midi.

Je ⇨ 22
Ils ⇨ 18

17 Falsch!

Wieder zurück zu Nummer 22.

21 Falsch!

Wieder zurück zu Nummer 13.

22 Richtig! ... vais au cinéma.

Il ⇨ 17
Je ⇨ 19

26 Falsch!

Wieder zurück zu Nummer 30.

27 Gut, weiter: ...êtes gentil.

Tu ⇨ 23
Vous ⇨ 12

56 CINQUANTE-SIX

Test 1

3 Falsch!
Wieder zurück zu Nummer 5.

4 Gut weiter:
... font du ski

Ils ⇨ 20
On ⇨ 7

5 Richtig, weiter:
... prenez le petit déjeuner.

Nous ⇨ 3
Vous ⇨ 13

? Richtig, weiter:
... ai faim.

e ⇨ 6
⇨ 25

9 Falsch!
Wieder zurück zu Nummer 25.

10 Falsch!
Wieder zurück zu Nummer 14.

? Richtig! Weiter:
... commences n cours.

⇨ 21
u ⇨ 29

14 Sehr gut, weiter:
...rentrez tard.

Tu ⇨ 10
Vous ⇨ 30

15 Falsch!
Wieder zurück zu Nummer 2.

? Falsch!
Wieder zurück zu Nummer 16.

19 Richtig!
Ende der Übung

20 Prima, weiter:
... avez des pommes?

Vous ⇨ 5
Tu ⇨ 28

? Falsch!
Wieder zurück zu Nummer 27.

24 Falsch!
Wieder zurück zu Nummer 12.

25 Sehr gut, weiter:
...fait les courses.

On ⇨ 14
Tu ⇨ 9

? Falsch!
Wieder zurück zu Nummer 20.

29 Prima, weiter:
...vont à la piscine.

Ils ⇨ 27
Il ⇨ 11

30 Richtig, weiter:
... est malade.

Elle ⇨ 4
Elles ⇨ 26

CINQUANTE-SEPT **57**

LEKTION

6 Inscription à l'école de langue

Sabine: Bonjour madame, vous m'avez donné un programme des cours il y a une semaine. Aujourd'hui je voudrais m'inscrire pour le test.
Secrétaire: Oui, vous avez choisi votre niveau?
Sabine: J'aimerais faire un cours moyen, 4 heures par jour, le matin si possible.
Secrétaire: Bon, je vous inscris pour le test d'évaluation du niveau correspondant, vous pouvez venir le passer demain matin?
Sabine: D'accord, à quelle heure?
Secrétaire: A huit heures et demie, en salle 3 au rez-de-chaussée.

Dialog   Lektion 6

Sabine: Je n'ai pas assez d'argent liquide sur moi pour payer le cours, vous acceptez les chèques?
Secrétaire: Pas de problèmes, qu'est-ce que vous avez comme chèque?
Sabine: Des chèques de la poste.
Secrétaire: C'est bon, vous avez une pièce d'identité?
Sabine: Voilà mon passeport.
Secrétaire: Très bien, vous permettez... Merci.
Sabine: Quand est-ce qu'on a les résultats de ce test?
Secrétaire: Voyons, niveau moyen 50 candidats, nous affichons les résultats demain soir vers 18 heures dans le hall.
Sabine: Encore une question, est-ce que j'ai le droit de me servir d'un dictionnaire pour le test?
Secrétaire: Non, vous n'en avez pas besoin, il y a une partie orale sous forme d'un entretien de dix minutes et une partie écrite avec des exercices à choix multiples.
Sabine: Très bien, merci et à demain.
Secrétaire: A demain, bonne chance pour le test.

Einschreibung in der Sprachenschule

Sabine: Guten Tag, Sie haben mir vor einer Woche ein Kursprogramm gegeben. Ich möchte mich heute für den Einstufungstest einschreiben.
Sekretärin: Ja, haben Sie sich schon für eine Stufe entschieden?
Sabine: Ich möchte einen Kurs in der Mittelstufe besuchen, 4 Stunden täglich. Wenn möglich vormittags.
Sekretärin: Gut, dann schreibe ich Sie für den Einstufungstest der entsprechenden Stufe ein. Können Sie den Test morgen früh machen?
Sabine: Ja, um wie viel Uhr?
Sekretärin: Um halb neun in Raum 3 im Erdgeschoss.
Sabine: Ich habe nicht genügend Bargeld bei mir um den Kurs zu bezahlen. Nehmen Sie auch Schecks?
Sekretärin: Kein Problem, was haben Sie für Schecks?
Sabine: Postschecks.

Lektion 6 — Dialog, Grammatik, Übung

Sekretärin: Das geht, haben Sie einen Ausweis dabei?
Sabine: Hier, meinen Pass.
Sekretärin: Gut, darf ich? ... Danke.
Sabine: Wann kriegen wir die Ergebnisse?
Sekretärin: Warten Sie mal ... Mittelstufe, 50 Kandidaten. Wir hängen die Ergebnisse morgen Abend gegen 18 Uhr in der Eingangshalle aus.
Sabine: Eine Frage noch, darf ich für den Test ein Wörterbuch benützen?
Sekretärin: Nein, Sie brauchen keins. Es gibt einen mündlichen Teil in Form eines Gesprächs von 10 Minuten und einen schriftlichen Teil mit Multiplechoiceaufgaben.
Sabine: Gut, danke. Bis morgen.
Sekretärin: Bis morgen. Viel Glück bei dem Test.

Der Fragesatz mit est-ce que

Est-ce que *j'ai le droit de me servir d'un dictionnaire?*
Darf ich ein Wörterbuch benützen?

Est-ce que steht **immer am Anfang eines Fragesatzes.** Die Wortstellung bleibt die gleiche wie im Aussagesatz. Durch **est-ce que** wird ein Aussagesatz zum Fragesatz. Diese Form der Frage wird in der gesprochenen Sprache genauso häufig benutzt wie die Frage durch Satzbetonung (vgl. Lektion 3)

Übung 1

Bilden Sie Fragesätze mit **est-ce que** nach dem folgenden Beispiel:

... (tu / aller faire) les courses? - Oui, d'accord. **Est-ce que tu vas faire les courses?** *- Oui, d'accord.*

1. .... (vous / avoir) une pièce d'identité? - Oui, un passeport.

2. .... (tu / rentrer) tard? - Non, vers sept heures du soir.

3. .... (vous / aimer) faire du ski? - Oui, du ski de fond.

Übung, Grammatik Lektion 6

4. .... (tu / prendre) le métro? - Non, le bus.

5. .... (vous / téléphoner) à Sabine? - Oui, à six heures.

6. .... (vous / avoir) une voiture? - Non, une moto (Motorrad).

7. .... (tu / pouvoir) passer à la pharmacie? - Oui, après le cours.

8. .... (vous / prendre) du café au petit déjeuner? - Non, du thé.

Verneinung

ne... pas	nicht
ne... plus	nicht mehr
ne... jamais	nie
ne... pas de / d'	kein / e / s
ne... plus de / d'	kein / e / s mehr
ne ...jamais de	nie

a) Bezieht sich die **Verneinung** nur auf das **Verb**, besteht sie **aus zwei Teilen**, die das konjugierte Verb einschließen. Beginnt das Verb mit einem **Vokal** oder einem **stummen h**, wird **ne** zu **n'**.

Je **ne** téléphone **pas** à Sabine.	Ich rufe Sabine nicht an.
Je **ne** suis **pas** en voiture.	Ich bin nicht mit dem Wagen da.
Je **ne** suis **plus** à Berlin.	Ich bin nicht mehr in Berlin.
Je **ne** commence **jamais** à 9 heures.	Ich fange nie um 9 Uhr an.

Lektion 6 — Grammatik

Je n'ai pas le programme. Ich habe das Programm nicht.

b) Bezieht sich die **Verneinung** auf eine **Mengenangabe**, wird **ne... pas de ...**, **ne...plus de...**, **ne ... jamais de...** benützt, vor einem **Vokal** oder einem **stummen h ne...pas d'...**, **ne...plus d'...**, **ne ... jamais d'...** Das heißt, dass die unbestimmten Artikel **un, une, des** und die Teilungsartikel **du, de la** durch **de** ersetzt werden. Dieser Verneinung entspricht im Deutschen meistens kein(e/s) bzw. gar kein(e/s).

Tu as du café? Non, je n'ai pas de café, j'ai du thé.
Hast du Kaffee? Nein, ich habe keinen Kaffee, ich habe Tee.
Tu prends une bière? Non, je ne prends pas de bière, je n'ai pas soif.
Trinkst du ein Bier? Nein, ich trinke kein Bier, ich habe keinen Durst.
Tu as 20 euros? Non, je n'ai pas d'argent sur moi.
Hast du 20 Euro? Nein, ich habe kein Geld bei mir.
Vous avez des tomates? Non, je n'ai plus de tomates.
Haben Sie Tomaten? Nein, ich habe keine Tomaten mehr.
Vous faites du ski? Non, je ne fais jamais de sport.
Fahren Sie Ski? Nein, ich treibe nie Sport.

Aufgepasst

■ Merke: In der **gesprochenen Sprache** und in der **Umgangssprache** wird bei einer Verneinung **ne** oft weggelassen.
Statt: *je n'ai pas d'argent* werden Sie oft nur *j'ai pas d'argent* hören!

Übung Lektion 6

Übung 2

Geben Sie negative Antworten nach dem folgenden Muster:

Vous aimez le jazz? (ne .. pas / le rock) **Non, je n'aime pas le jazz, j'aime le rock.**

1. Vous prenez le bus? (ne ... pas / le métro)
Non, ...

2. Tu travailles à Munich? (ne ... pas / à Berlin)
Non, ...

3. Vous avez soif? (ne ... pas / avoir faim)
Non, ...

4. Vous rentrez à 5 heures? (ne... pas / à 7 heures)
Non, ...

5. Tu commences à 9 heures? (ne... pas / à 8 heures et demie)
Non, ...

6. Vous attendez Annick? (ne... pas / Florent)
Non, ...

Übung 3

Was müssen wir noch einkaufen? Bilden Sie Sätze nach dem folgenden Muster:

On a encore (noch) *du café? Non, on ... (ne... plus de)* **Non, on n'a plus de café.**

1. On a encore des fruits? Non, on ... (ne ... plus de)
....

2. On a encore du sucre? Non, on ... (ne ... plus de)
....

3. On a encore du chocolat? Non, on ... (ne ... plus de)
....

4. On a encore de la confiture? Non, on ... (ne plus ... de)
....

5. On a encore du pain? Non, on .... (ne ...plus de)
....

Übung 4

Verbinden Sie die Fragen mit den Antworten:

1. Tu prends le bus?
2. Tu fais du ski?
3. Tu as un plan de Paris?
4. Tu as un dictionnaire?
5. Tu as besoin d'un visa?
6. Tu as des bagages?

a Non, je ne fais pas de ski.
b Non, je n'ai plus de plan.
c Non, je n'ai jamais de bagages.
d Non, je n'ai pas besoin de visa.
e Non, je ne prends jamais le bus.
f Non, je n'ai pas de dictionnaire.

Die Uhrzeit

à quelle heure?	um wie viel Uhr?
quelle heure est-il?	wie viel Uhr ist es?
il est / c'est ...	es ist ... 9 Uhr
9 heures	

	Alltagssprache:	offizielle Zeitangaben:
9h	*neuf heures (du matin)*	
9h05	*neuf heures cinq*	
9h10	*neuf heures dix*	
9h15	*neuf heures et quart*	*neuf heures quinze*
9h25	*neuf heures vingt-cinq*	
9h30	*neuf heures et demie*	*neuf heures trente*

Grammatik, Übung   Lektion 6

9h40	*dix heures moins vingt*	*neuf heures quarante*
9h45	*dix heures moins le quart*	*neuf heures quarante-cinq*
9h50	*dix heures moins dix*	*neuf heures cinquante*
9h55	*dix heures moins cinq*	*neuf heures cinquante-cinq*
12h	*midi*	*douze heures*
14h	*deux heures (de l'après-midi)*	*quatorze heures*
22h	*dix heures (du soir)*	*vingt-deux-heures*
24h	*minuit*	*zéro heure*
9h30'20''	*neuf heures trente minutes (et) vingt secondes*	

Sabine hat ihre Termine notiert. Schreiben Sie die Uhrzeit aus und setzen Sie die richtigen Verbindungen ein nach folgendem Beispiel:

Übung 5

8.30 huit heures et demie, le cours (commencer) commence.

1. 10.45 ...., on (prendre) ..... un café à la cafétéria.

2. 12.15 ...., je (aller) .... déjeuner avec Caroline.

3. 14.30 ...., je (passer) .... à la banque.

4. 15.10 ...., je (prendre) .... le métro.

5. 15.25 ...., je (arriver) .... place de l'Odéon.

6. 15.30 ...., je (rencontrer / treffen) .... Florent.

7. 17.45 ...., on (aller) .... au cinéma.

Lektion 6 — Wortschatz

à huit heures et demie	um halb neun
à quelle heure?	um wie viel Uhr?
accepter	nehmen
afficher	aushängen
argent *m*	Geld
assez (de)	genug
avoir besoin de	brauchen
avoir le droit de	dürfen
bonne chance!	viel Glück!
chance *f*	Glück
chèque de la poste / postal *m*	Postscheck
correspondant	entsprechend
cours moyen *m*	Mittelstufe
demain matin	morgen früh
demain soir	morgen Abend
dictionnaire *m*	Wörterbuch
donner	geben
écrit	schriftlich
entretien *m*	Gespräch
évaluation *f*	Einstufung
exercice *m* à choix multiple	Multiple-choiceübung
inscription *f*	Einschreibung
hall *m*	Eingangshalle
il y a	vor (zeitlich)
inscrire	einschreiben
j'aimerais (aimer)	ich möchte
le matin	vormittags
liquide	bar
niveau *m*	Stufe
oral	mündlich
par jour	täglich
partie *f*	Teil
pas de problème	kein Problem
passeport *m*	Pass
passer (un test)	(einen Test) machen
payer	zahlen
permettre	erlauben
pièce d'identité *f*	Ausweis
problème *m*	Problem
programme des cours *m*	Kursprogramm
question *f*	Frage
résultat *m*	Ergebnis
rez-de-chaussée *m*	Erdgeschoss
salle *f*	Raum
se servir de	benützen
semaine *f*	Woche
si possible	wenn möglich
sous forme de	als / in Form von
sur moi	bei mir
vers	gegen (zeitlich)

Premiers contacts

LEKTION 7

A la cafétéria, après le premier cours à l'Alliance française, Sabine, Luis, un étudiant argentin, et Miko, une étudiante japonaise.

Luis: J'ai trouvé le prof très sympa et vous?
Sabine: Moi aussi, mais je ne suis pas tout à fait au niveau, j'ai des problèmes de grammaire.
Miko: C'est normal. On pourrait se présenter, moi c'est Miko. Je suis japonaise, je suis arrivée à Paris il y a six mois, et vous?
Luis: Moi je viens de Buenos Aires, j'ai une formation d'informaticien, j'ai 30 ans, je travaille pour une entreprise française en Argentine.
Sabine: Je m'appelle Sabine, je suis allemande. Je suis secrétaire bilingue. J'habite dans une famille dans le sixième.
Luis: Vous connaissez d'autres pays en Europe, Miko?
Miko: Je suis restée un an en Angleterre à Londres avant de venir ici.

Lektion 7 — Dialog

Luis:	Qu'est-ce que vous faites dans la vie?
Miko:	Je ne travaille pas encore, j'ai une bourse pour un an à Paris. Je fais des études de musique au Conservatoire .
Sabine:	Vous parlez très bien français! C'est votre premier séjour en France?
Miko:	Oui, mais au Japon j'ai eu un copain français. Si vous voulez, on pourrait se tutoyer!
Luis:	D'accord ! Vous, pardon, tu viens demain à la visite guidée de Versailles?
Miko:	Non, je préfère aller visiter le Marais.
Sabine:	Je peux t'accompagner?
Miko:	Avec plaisir. On se retrouve place de l'Hôtel de ville à 2 heures? Luis, si tu veux, tu peux nous rejoindre à »la Tartine« rue de Rivoli vers 6 heures?
Luis:	Entendu.
Sabine:	Alors à demain après-midi.

Erste Kontakte

In der Cafeteria, nach dem ersten Kurs an der Alliance française. Sabine, Luis, ein argentinischer Student, und Miko, eine japanische Studentin.

Luis:	Ich fand den Lehrer ganz sympathisch und Sie?
Sabine:	Ich auch, aber ich bin noch nicht auf dem Niveau, ich habe Probleme mit der Grammatik.
Miko:	Das ist normal. Wir könnten uns vorstellen: ich heiße Miko. Ich bin Japanerin, ich bin vor sechs Monaten nach Paris gekommen, und Sie?
Luis:	Ich komme aus Buenos Aires, ich habe eine Ausbildung als Informatiker, bin 30 Jahre alt und arbeite für eine französische Firma in Argentinien.
Sabine:	Ich heiße Sabine, ich bin Deutsche. Ich bin Fremdsprachensekretärin. Ich wohne bei einer Familie im sechsten Arrondissement.
Luis:	Kennen Sie andere Länder in Europa, Miko?
Miko:	Bevor ich hierher kam, war ich ein Jahr in England, in London.

Luis:	Und was machen Sie beruflich?
Miko:	Ich arbeite noch nicht, ich habe für ein Jahr ein Stipendium in Paris. Ich studiere an der Musikhochschule.
Sabine:	Sie sprechen sehr gut Französisch! Ist das Ihr erster Aufenthalt in Frankreich?
Miko:	Ja, aber ich habe in Japan einen französischen Freund gehabt. Wenn Sie wollen, könnten wir uns duzen!
Luis:	Einverstanden! Kommen Sie, Entschuldigung, kommst du morgen mit zu der Führung in Versailles?
Miko:	Nein, ich will mir lieber das Marais-Viertel ansehen.
Sabine:	Kann ich mitkommen?
Miko:	Sehr gerne. Treffen wir uns um 2 Uhr auf der Place de l'Hôtel de ville? Luis, wenn du magst, kannst du dich gegen 6 Uhr mit uns im Lokal »la Tartine« in der Rue de Rivoli treffen.
Luis:	Einverstanden.
Sabine:	Dann bis morgen Nachmittag.

Die Angleichung der Adjektive

Die Adjektive richten sich in Geschlecht und Zahl nach dem Substantiv, auf das sie sich beziehen.

Singular / maskulin
un étudiant japonais — ein japanischer Student
il est japonais — er ist Japaner

Singular / feminin
une étudiante japonaise — eine japanische Studentin
elle est japonaise — sie ist Japanerin

Plural / maskulin
des étudiants japonais — japanische Studenten
ils sont japonais — sie sind aus Japan

Plural / feminin
des étudiantes japonaises — japanische Studentinnen
elles sont japonaises — sie sind aus Japan

Aufgepasst

Befinden sich in einer Gruppe männliche und weibliche Personen, wird immer die männliche Form verwendet. ▶

Lektion 7 — Grammatik

Beim **Sprechen** ist der Unterschied zwischen der maskulinen *(japonais)* und der femininen *(japonaise)* Form des Adjektivs hörbar, denn man spricht den Konsonanten (hier **s**) vor dem **e** aus. Einige Adjektive haben keine feminine Form, da sie bereits auf einem *-e* enden, z.B. **moderne, sympathique: il est sympathique / elle est sympathique.** Die Kurzformen **sympa** (sympathique), **super** (superbe) sind **unveränderlich**.

Ländernamen

Ländernamen sind feminin oder maskulin. Vor einem Vokal werden die bestimmten Artikel **le, la** zu **l'**. Bei Ortsangaben verwendet man **en** bei femininen Ländernamen und bei maskulinen Ländernamen mit vokalischem Anlaut, **à** (bzw. **au**) bei maskulinen Ländernamen mit konsonantischem Anlaut und bei Ländernamen im Plural (**aux** États-Unis) Bei Städten wird immer **à** verwendet: *elle habite **à** Paris **en** France, **à** Munich **en** Allemagne, **à** Tokyo **au** Japon, **à** Lisbonne **au** Portugal.*

■ Merke: ***venir de*** kommen, stammen aus
          venir à kommen nach

l'Europe *f*	Europa
un pays européen	
une institution européenne	
l'Union européenne (EU) f	
la France	Frankreich
Michel est français	
Caroline est française	
un séjour en France	
l'Angleterre *f*	England
John est anglais	
Mary est anglaise	

▶

Grammatik Lektion 7

*un séjour en Angleterre / il est
en Angleterre*
l'Allemagne *f*   Deutschland
Karl est allemand
Sabine est allemande
l'Espagne *f*   Spanien
José est espagnol
Carmen est espagnole
l'Italie *f*   Italien
Giovanni est italien
Carla est italienne
la Suède   Schweden
Sven est suédois
Kirstin est suédoise
l'Argentine *f*   Argentinien
Luis est argentin
Maria est argentine
un séjour en Argentine
le Japon   Japan
Yoschi est japonais
Miko est japonaise
un séjour au Japon
le Portugal   Portugal
un séjour au Portugal
Joaquin est portugais
Dolorès est portugaise
les États-Unis   Vereinigte Staaten
un séjour aux États-Unis   von Amerika

■ Merke:
Die Sprache des Landes wird immer mit der **maskulinen Form** des jeweiligen Adjektivs angegeben: *je parle* **français**, *elle parle* **anglais**, *vous parlez* **allemand**, **le français** die französische Sprache, **l'allemand** die deutsche Sprache usw.

Lektion 7 — Übung

Übung 1

Stellen Sie die Kursteilnehmer nach folgendem Muster vor:

Miko Yahuto est japonaise, elle vient de Tokyo, elle habite au Japon.

Peter Henle / Allemagne / Nuremberg

....

Bernadette Martial / France / Lyon

....

John et Mary Williams / Angleterre / Londres

....

Lucia Cocci / Italie / Florence

....

José Fernandez / Espagne / Madrid

....

Maria Muricy / Portugal / Lisbonne

....

Sven Johansen / Suède / Stockholm

....

Übung 2

Qu'est-ce qu'ils parlent?
Was sprechen sie?

Miko parle ....

John et Mary parlent ....

Bernadette parle ....

Peter parle ....

José parle ....

Carla parle ....

Sven parle..................................

Maria parle ....

Grammatik, Übung　　　　　　　　　　　　　　　　　　　　Lektion 7

Das Perfekt mit être

Einige Verben bilden das Perfekt *(passé composé)* mit dem Hilfsverb **être**, z.B. **arriver** (ankommen), **rester** (bleiben), **aller** (gehen, fahren), **venir** (kommen), **rentrer** (zurückkommen, heimkommen).

je suis arrivé(e) à Paris
tu es arrivé(e) à Londres
il est arrivé à Lyon
elle est arrivée à Grenoble
vous êtes arrivé(e) à Madrid
nous sommes arrivé(e)s à Munich
vous êtes arrivé(e)s à Cannes
ils sont arrivés à Buenos Aires
elles sont arrivées à Nice (Nizza)

■ Merke:
Bei Verben, die das Perfekt mit **être** bilden, richtet sich das Partizip *(arrivé)* in Zahl und Geschlecht nach dem Subjekt des Satzes, auf das es sich bezieht.

Verbinden Sie die drei Spalten miteinander um einen Satz zu bilden:

Übung 3

Miko	est	rentré à 8 heures
Peter		venus à Versailles
Maria et Carla	sont	restée un an à Paris
John et Sven		arrivées à Nice
Bernadette et José		allés à Londres

Lektion 7 Grammatik, Übung

Die Verben *connaître* und *venir*

connaître (kennen) ***venir*** (kommen)

Präsens:

je connais	*je viens*
tu connais	*tu viens*
il / elle / on connaît	*il / elle / on vient*
nous connaissons	*nous venons*
vous connaissez	*vous venez*
ils / elles connaissent	*ils / elles viennent*

Perfekt:
j'ai connu *je suis venu(e)*

Übung 4

Bilden Sie die Präsensform:

1. Nous sommes venus de Munich.

....

2. Nous sommes arrivés gare de l'Est.

....

3. Nous avons téléphoné à Sabine.

....

4. Nous avons cherché un hôtel.

....

5. Nous sommes restés trois jours (Tage) à Paris.

....

6. Nous avons visité le Marais.

....

7. Nous avons déjeuné dans le quartier.

....

Übung, Wortschatz — Lektion 7

Ein Wort passt nicht in die Reihe. Kreuzen Sie es an:

Übung 5

□ français	□ allemand	□ anglais	□ moderne
□ Londres	□ Stockholm	□ Luis	□ Munich
□ bourse	□ étudiant	□ argent	□ études
□ Espagne	□ Italie	□ Tokyo	□ France

Wortschatz

au Japon	in Japan
autre	andere(r)
avant de	bevor
avoir ... ans	... Jahre alt sein
bilingue	zweisprachig
bourse *f*	Stipendium
cafétéria *f*	Cafeteria
connaître	kennen
conservatoire *m*	Musikhochschule
copain *m*	Freund
copine *f*	Freundin
dans	in
demain	morgen
après-midi	Nachmittag
en France	in Frankreich
entendu	einverstanden
entreprise *f*	Firma, Betrieb
être au niveau	auf derselben Stufe sein
étudiant(e) *m(f)*	Student(in)
eu (avoir)	gehabt
faire des études	studieren
formation *f*	Ausbildung
français(e)	französisch, aus Frankreich
contact *m*	Kontakt
grammaire *f*	Grammatik
habiter	wohnen
ici	hier
il y a	vor (zeitlich)
informaticien *m*	Informatiker
japonais(e)	japanisch, aus Japan
l'Angleterre *f*	England
l'Argentine *f*	Argentinien
la France	Frankreich
le Japon	Japan
le Marais	ein Viertel in Paris
le sixième (6e)	das sechste Arrondissement (in Paris)
Londres	London
mois *m*	Monat
musique *f*	Musik
niveau *m*	Niveau / Stufe
normal	normal
on pourrait (pouvoir)	wir könnten
pas encore	noch nicht
pays *m*	Land
problème *m*	Problem
prof *m*	Lehrer (umgangssprachlich)

professeur *m*	Lehrer	**se tutoyer**	duzen
qu'est-ce que vous faites dans la vie?	Was machen Sie beruflich?	**secrétaire** *f*	Sekretärin
		travailler	arbeiten
		très bien	sehr gut
rejoindre	sich mit jm treffen	**trouver**	finden
		venir	kommen
rester	bleiben	**vers**	gegen
se présenter	sich vorstellen	**vie** *f*	Leben
		visite guidée *f*	Führung
se retrouver	sich (wieder) treffen, finden	**visiter**	besichtigen

A la découverte de Paris

Place de l'Hôtel de ville.
Sabine: Salut! Ça va? Tu m'attends depuis long-temps?
Miko: Non, je viens d'arriver! Il fait un temps splendide! On pourrait aller à pied à la place des Vosges, c'est la plus ancienne place de Paris.

Un quart d'heure plus tard.
Miko: Je ne sais plus où on est. Je crois qu'on s'est trompé... Pardon, Madame, la place des Vosges, c'est bien dans cette direction?
Passante: Ah non, pas du tout! par là vous allez au Louvre. La place des Vosges, c'est dans la direction opposée.

Lektion 8 — Dialog

Miko: Comment on y va?
Passante: Ce n'est pas difficile. Faites demi-tour et continuez la rue de Rivoli tout droit jusqu'à l'église Saint-Paul et puis tournez à gauche, c'est indiqué.
Miko: C'est loin d'ici?
Passante: Non, à pied, c'est à 20 minutes environ.
Place des Vosges. Il est trois heures.
Sabine: Ouf! je suis fatiguée. Quelle chaleur!
Miko: Je n'ai plus envie de marcher. Je crois que le Musée Picasso n'est pas très loin d'ici.
Sabine: J'ai lu dans »Pariscope« que tous les musées sont fermés le mardi.
Miko: C'est vrai! J'ai complètement oublié! Qu'est-ce qu'on fait alors?
Sabine: On marche jusqu'à la place de la Bastille pour voir le nouvel opéra. C'est un chef-d'œuvre d'architecture moderne.
Miko: D'accord, mais alors on prend le métro pour revenir rue de Rivoli, on a rendez-vous à six heures avec Luis à »la Tartine«.
Sabine: On peut prendre le métro à la place de la Bastille et descendre à Saint-Paul, ça fait une station.

Paris entdecken

Sabine und Miko sind auf der Place de l'Hôtel de ville.
Sabine: Hallo! Wie geht's? Wartest du schon lange auf mich?
Miko: Nein, ich bin gerade gekommen! Das Wetter ist wunderschön! Wir könnten zu Fuß zur Place des Vosges gehen, das ist der älteste Platz von Paris.
Eine Viertelstunde später.
Miko: Ich weiß nicht mehr, wo wir sind. Ich glaube, wir haben uns verlaufen. Enschuldigen Sie, Madame, ist die Place des Vosges in dieser Richtung?

Dialog, Grammatik   Lektion 8

Passantin:	Aber nein ganz und gar nicht! Hier kommen Sie zum Louvre. Die Place des Vosges ist in der entgegengesetzten Richtung.
Miko:	Wie kommen wir dahin?
Passantin:	Das ist nicht schwierig. Machen Sie kehrt und gehen Sie die Rue de Rivoli geradeaus weiter bis zur Kirche Saint-Paul und biegen Sie dann links ab, es ist ausgeschildert.
Miko:	Ist es weit von hier?
Passantin:	Nein, zu Fuß sind es ungefähr 20 Minuten.
Place des Vosges. Es ist drei Uhr.	
Sabine:	Uff! Ich bin müde. Was für eine Hitze!
Miko:	Ich habe keine Lust mehr zu laufen. Ich glaube, das Picasso-Museum ist nicht mehr weit von hier.
Sabine:	Ich habe in »Pariscope« gelesen, dass alle Museen dienstags geschlossen sind.
Miko:	Das stimmt! Das habe ich ganz vergessen! Was machen wir dann?
Sabine:	Wir gehen zu Fuß bis zur Place de la Bastille um die neue Oper zu sehen. Das ist ein Meisterwerk der modernen Architektur.
Miko:	O.K., aber dann nehmen wir die U-Bahn um in die Rue de Rivoli zurückzufahren. Wir sind um sechs im Café »la Tartine« mit Luis verabredet.
Sabine:	Wir können die U-Bahn an der Place de la Bastille nehmen und in Saint-Paul aussteigen, da ist eine Station.

Die örtlichen Beziehungen à und en

Bei Ländernamen gilt (vgl. Lektion 7): **en** bei femininen Ländernamen und bei maskulinen Ländernamen mit vokalischem Anlaut, **à (au)** bei maskulinen Ländernamen mit konsonantischem Anlaut und bei Ländernamen im Plural **(aux)**; bei Städten immer **à**.

wo?   *Sabine est **en France**.*
       *Sabine est **au Portugal**.*

wohin? *Karl va **en Allemagne**.*
        *Karl va au **Portugal**. Karl va **à Lyon**.* ▶

Lektion 8 Grammatik, Übung

Sonst gilt: in Verbindung mit einem Verb bezeichnet **à** + (**Artikel** + **Substantiv**) die Lage (wo?) und die Zielrichtung (wohin?). Dabei werden **à** und **le** zu **au** bzw. **à** und **les** zu **aux** zusammengezogen, vor stummem h und Vokal steht **à l'**.

*aller **à** Paris*
*aller **au** cinéma / **au** café*
*téléphoner **au** musée* (das Museum anrufen)
*aller **à l'** hôtel*
*aller **à la** gare*
*arriver **à la** gare*
*prendre le métro **à la** station Saint-Paul*

Übung 1

Setzen Sie **à, à la** oder **en** ein:

1. José est .... Madrid.
2. Peter habite .... Allemagne.
3. Nous prenons le métro .... station Bastille.
4. J'attends John .... gare.
5. On marche jusqu' .... la place des Vosges.
6. Lucia va .... Italie.

Übung, Grammatik — Lektion 8

Übung 2

Setzen Sie *au, à l'* oder *aux* ein:

1. Je téléphone .... hôtel.
2. Nous sommes .... café.
3. Comment on va .... Louvre?
4. John habite .... États-Unis.
5. Ils vont .... opéra.
6. Elles arrivent .... musée.

Übung 3

Ergänzen Sie mit dem passenden Wort:

Espagne / hôtel / place / Lisbonne / musée / États-Unis

1. Cet après-midi on va au ....
2. Luis est resté un an aux ....
3. Ils sont arrivés hier en ....
4. Marchez jusqu'à la ....
5. Elle téléphone à l' ....

Die Präposition de

de bezeichnet den räumlichen Ausgangspunkt oder die Herkunft:

Elle vient de Tokyo.   Sie kommt aus Tokyo (gerade heute).
   Sie stammt aus Tokyo.

Vor dem bestimmten Artikel **le** werden **de + le** zu **du**, vor **les** werden **de + les** zu **des** zusammengezogen. Beginnt das auf **de** folgende Substantiv (im Singular) mit einem Vokal oder stummem h, so steht **de l'**.

Elle revient du marché.   Sie kommt vom Markt zurück.

Lektion 8 Grammatik, Übung

> *Il vient **de la** Place des Vosges.* Er kommt von der Place des Vosges.
>
> *J'arrive **de l'**aéroport.* Ich komme vom Flughafen.
>
> *Il revient **des** États-Unis.* Er kommt aus den U.S.A. zurück.
>
> *Miko parle **du** Japon.* Miko spricht über Japan.

Übung 4

Setzen Sie *du, de la, de l'* oder *des* nach folgendem Muster ein:

Elle vient du cinéma? Non, ... poste.
Non, de la poste.

1. Elle arrive de la gare? Non, ... aéroport.

2. Ils viennent du restaurant? Non, ... marché.

3. John vient d'Angleterre? Non, ... États-Unis.

4. Miko parle du Japon? Non, ... France.

Übung 5

Verbinden Sie die drei Spalten um einen Satz zu bilden.

la Tour Eiffel / Paris / France
La Tour Eiffel est à Paris en France.

1. la Statue de la Liberté   Munich   Angleterre

....

2. Big Ben   Madrid   États-Unis

....

3. le Prado   Rome   Italie

....▶

Übung, Grammatik   Lektion 8

4. la Fête de la Bière   Londres   Allemagne
(Oktoberfest)

....

5. le Vatican   New-York   Espagne

....

Weitere Präpositionen der örtlichen Beziehungen

à côté de	à côté de Paris à côté du café à côté de l'hôtel à côté de la gare	in der Nähe von neben / bei
à gauche		links (Richtung)
à gauche de	à gauche de Florent à gauche du restaurant à gauche de l'hôtel à gauche de la gare à gauche des	links von / neben
à droite		rechts (Richtung)
à droite de	à droite de Sabine à droite du café à droite de l'opéra à droite de la poste à droite des ...	rechts von / neben
jusqu'à	jusqu'à Paris jusqu'au musée jusqu'à l'hôtel jusqu'à la place jusqu'aux...	bis bis zu
loin de	loin de Munich loin du métro loin d'ici loin de la gare loin des ...	weit entfernt von

▶

près de	près de Paris près du cinéma près de l'école près de la gare près des ...	bei / in der Nähe von
avant	avant Paris avant le café avant la pharmacie avant l'hôtel avant les ...	vor (Reihen- folge)
devant	devant Sabine devant le cinéma devant la poste devant l'hôtel devant les ...	vor (räumlich)
dans	dans le sac dans la voiture dans les rues	in
sur	sur le journal (Zeitung) sur la table (Tisch) sur l'étagère (Regal) sur les ...	auf
sous	sous le journal sous la table sous l'étagère sous les ...	unter

Übung, Wortschatz | Lektion 8

Kreuzen Sie die richtige Antwort an:

Übung 6

1. Où est le musée Picasso?   **a** A côté de la place des Vosges.

    b Sous la place des Vosges.

2. Où est Versailles?   **a** loin de Paris

    b près de Paris

3. Continuez ... (bis)   **a** jusqu'à l'église Saint-Paul

    b avant l'église Saint-Paul

4. Sabine attend Miko (vor)   **a** devant la station de métro

    b avant la station de métro

5. Continuez ... (gerade aus)   **a** à droite!

    b tout droit!

Wortschatz

à droite	rechts	**direction** *f*	Richtung
à gauche	links	**environ**	circa
à pied	zu Fuß	**être dans la direction**	(in der) Richtung liegen
architecture *f*	Architektur		
avoir envie de	Lust haben (etwas zu tun)	**faire demi-tour**	umkehren
		fatigué	müde
		découverte *f*	Entdeckung
avoir rendez-vous	verabredet sein	**il fait un temps...**	es ist ... Wetter
c'est à 20 minutes	es sind 20 Minuten	**jusqu'à**	bis
		loin	weit (entfernt)
chaleur *f*	Hitze		
chef-d'œuvre *m*	Meisterwerk	**longtemps**	lange
comment	wie	**lu (lire)**	gelesen
continuer	weitergehen (bzw. -fahren)	**marcher**	zu Fuß gehen
		métro *m*	U-Bahn
croire (crois)	glauben	**moderne**	modern
depuis	seit	**musée** *m*	Museum
descendre	aussteigen	**nouvel**	neu
difficile	schwierig	**opéra** *m*	Opernhaus

opposé	entgegengesetzt	quart d'heure *m*	Viertelstunde
où?	wo?	quelle chaleur!	was für eine Hitze!
ouf!	uff!	revenir	zurückkommen
par là	in dieser Richtung	savoir (sais)	wissen
pardon	Entschuldigung	se tromper	sich irren
pas du tout	überhaupt nicht, gar nicht	splendide	wunderschön
		station *f*	Station
		tourner	abbiegen
		tout droit	geradeaus
place *f*	Platz	venir de faire	gerade etwas getan haben
plus tard	später		

Die Pariser U-Bahn (le métro)

Das Pariser U-Bahn-System ist übersichtlich und einfach zu benützen. Die **tickets de métro** (U-Bahn-Fahrkarten) kann man am Schalter oder an Automaten kaufen, die Entwertung erfolgt durch Lesen des Magnetstreifens auf der Rückseite der **tickets**. In den Stadtbussen ist der Fahrpreis nicht einheitlich so wie bei der U-Bahn, sondern wird nach **sections** (Fahrabschnitten) berechnet. Für den **R.E.R.** (S-Bahn) benützt man andere Fahrkarten.

Rendez-vous au café

LEKTION 9

Six heures du soir. A »la Tartine«, rue de Rivoli.

Luis: Salut Miko! Salut Sabine! Alors racontez-moi votre balade dans le Marais!

Sabine: Tu sais, on a marché tout l'après-midi, on n'a pas eu de chance, le musée Picasso était fermé. On a vu beaucoup de vieux cafés. Miko a fait beaucoup de photos.

Garçon: Messieurs Dames, bonjour. Qu'est-ce que je vous sers?

Sabine: Je voudrais un express et une eau minérale, s'il vous plaît.

Garçon: Vittel? Perrier? Vichy?

Sabine: Un Perrier citron, s'il vous plaît.

Garçon: Bon, et pour vous mademoiselle?

Miko: Pour moi un grand crème, s'il vous plaît.

Garçon: Et pour Monsieur?

Luis: J'ai faim. Qu'est-ce que vous avez comme sandwichs?

Garçon: Saucisson-beurre, pâté, gruyère.

Luis:	Je n'aime pas le beurre, je préfère prendre un sandwich au pâté. Vous avez un grand choix de vins, qu'est-ce que c'est le Bourgueil?
Garçon:	C'est un vin rouge des pays de la Loire, excellent et très connu.
Luis:	Alors un verre de Bourgueil. Sabine et Miko, vous ne voulez rien manger?
Sabine:	Non merci, rien pour moi et toi Miko, tu veux quelque chose?
Miko:	Je n'aime pas les sandwichs, vous avez autre chose?
Garçon:	Oui, croque-monsieur, salade composée, quiche.
Miko:	Un croque-monsieur, s'il vous plaît. Alors Versailles, ça t'a plu?
Luis:	C'est immense, un peu trop de touristes. La prochaine fois je fais comme vous, pas de guide! J'aimerais bien aller au nouveau Louvre.
Miko:	Si on ne veut pas faire la queue trop longtemps, il faut aller au Louvre le matin de bonne heure!
Luis:	Difficile en semaine à cause des cours, excusez-moi, je dois rentrer chez moi, j'attends un appel d'Argentine. Monsieur! l'addition, s'il vous plaît!
Sabine:	On partage!
Luis:	Non laisse, laisse, je vous invite!
Sabine:	Bon, merci.
Miko:	La prochaine fois, c'est moi qui vous invite!

Treffen im Café

Sechs Uhr abends. Im Café »la Tartine«, Rue de Rivoli.
Luis: Hallo Miko! Hallo Sabine! Erzählt mir von eurem Bummel durch das Marais-Viertel!

Sabine:	Weißt du, wir sind den ganzen Nachmittag herumgelaufen, wir haben kein Glück gehabt, das Picasso-Museum war geschlossen. Wir haben viele alte Cafés angeschaut. Miko hat viele Fotos gemacht.
Garçon:	Guten Tag! Was darf ich bringen?
Sabine:	Ich möchte einen Espresso und ein Mineralwasser, bitte.
Garçon:	Vittel? Perrier? Vichy?
Sabine:	Ein Perrier mit Zitrone, bitte.
Garçon:	Gut, und für die Dame?
Miko:	Für mich einen großen Milchkaffee, bitte.
Garçon:	Und für den Herrn?
Luis:	Ich habe Hunger. Was haben Sie für Sandwichs?
Florent:	Salami und Butter, Leberpastete, Emmentaler.
Luis:	Ich mag keine Butter, ich nehme lieber ein Sandwich mit Leberpastete. Sie haben eine große Auswahl an Weinen, was ist das für ein Wein, der Bourgueil?
Garçon:	Das ist ein ausgezeichneter und sehr berühmter Rotwein aus dem Loiretal.
Luis:	Dann ein Glas Bourgueil. Sabine und Miko, wollt ihr nichts essen?
Sabine:	Nein danke, für mich nichts, und du, Miko, möchtest du etwas?
Miko:	Ich mag kein Sandwich, haben Sie etwas Anderes?
Garçon:	Ja, Schinkentoast mit Käse, gemischter Salat, elsässischer Zwiebelkuchen.
Miko:	Einen Schinkentoast mit Käse, bitte. Und hat dir Versailles gefallen?
Luis:	Es ist riesengroß, ein bisschen zu viel Touristen. Das nächste Mal mache ich es wie ihr, ohne Fremdenführer! Ich würde gerne in den neuen Louvre gehen.
Miko:	Wenn man nicht zu lange anstehen will, muss man morgens früh in den Louvre gehen!
Luis:	Schwierig unter der Woche wegen der Kurse, entschuldigt, ich muss nach Hause, ich warte auf einen Anruf aus Argentinien. Ich möchte gerne zahlen, bitte!
Sabine:	Wir teilen uns das!
Luis:	Nein, lass nur, ich lade euch ein!
Sabine:	Gut, danke.
Miko:	Das nächste Mal lade ich euch ein!

Lektion 9　　　　　　　　　　　　　　　　　　　Grammatik

Mengenangaben

J'ai mangé **une tablette de** chocolat.	Ich habe eine Tafel Schokolade gegessen.
Elle a **30 jours de** vacances.	Sie hat 30 Tage Urlaub.
Je bois **un litre d'**eau par jour.	Ich trinke einen Liter Wasser am Tag.
Miko a fait **beaucoup de** photos.	Miko hat viele Fotos gemacht.
Il mange **peu de** beurre.	Er isst wenig Butter.
J'ai **assez de** pain.	Ich habe genügend Brot.
Elle a **beaucoup de** copains.	Sie hat viele Freunde.
Il y a **trop de** touristes.	Es gibt zu viel Touristen.
Je **n'**ai **pas de** chance.	Ich habe kein Glück.

■ Merke:
Nach **Mengenangaben** steht immer **de** + **Substantiv** (ohne Artikel). Vor Substantiven, die mit einem **Vokal** oder einem **stummen h** anfangen, steht **d'**.
Substantive als Mengenangaben sind: **un kilo de** tomates (ein Kilo Tomaten), **une livre d'**abricots (ein Pfund Aprikosen), **un verre d'**eau (ein Glas Wasser), **une bouteille de** vin (eine Flasche Wein), **un paquet de** cigarettes (eine Schachtel Zigaretten), **une boîte de** thon (eine Dose Thunfisch).
Adverbien sind: **peu de** (wenig ...), **beaucoup de** (viel ...), **assez de** (genug ...), **trop de** (zuviel ...).

Übung, Grammatik Lektion 9

Verbinden Sie die zwei Spalten, um Ihren Einkaufszettel zu machen, nach folgendem Muster:

Übung 1

2 kilos	*carottes*	*deux kilos de carottes*
1 boîte	tomates	....
2 bouteilles	chocolat	....
1 livre	eau minérale	....
3 tablettes	lait (Milch)	....
1 litre	thon (Thunfisch)	....

Etwas bewerten

Sagen Sie, was Sie mögen (+), gern mögen (++), was Sie am liebsten haben (+++) und was Sie nicht mögen (-), gar nicht mögen (- -) oder verabscheuen (- - -) mit folgenden Ausdrücken:

J'aime (+)   *le champagne*
ich mag
J'adore (++)   *la musique classique*
ich mag gerne   *l'architecture baroque*

et toi?
Moi, je préfère (+++)   *le jazz*
ich habe am liebsten   *l'architecture moderne*
ich bevorzuge   *les films de Godard*

Je n'aime pas (-)   *la bière*
ich mag nicht

Je n'aime pas du tout (- -)   *les visites guidées*
ich mag überhaupt nicht

Je déteste (- - -)   *les cigarettes*
ich verabscheue   *les films porno* ▶

Lektion 9 Grammatik, Übung

Aufgepasst

> ■ Merke:
> Nach *aimer, adorer, préférer, détester* steht der bestimmte Artikel.

Übung 2

Sagen Sie, was Miko mag bzw. verabscheut:

		thé
		architecture
	le	café au lait
Miko aime /	l'	films comiques
déteste	la	bière
	les	vin rouge
		musées

---

il faut + Infinitiv (man muss, es ist nötig)

il faut (Infinitivform *falloir*) ist ein unpersönliches Verb, das mit einem Infinitiv ohne Präposition konstruiert wird.
Beispiele:
Il faut payer en liquide.   Man muss bar zahlen.
Il faut faire la queue.   Man muss anstehen.

Grammatik, Übung — Lektion 9

> **Das Verb préférer** (lieber haben / vorziehen)
>
> Präsens:
> **je préfère**   **nous préférons**
> **tu préfères**   **vous préférez**
> **il / elle préfère**   **ils / elles préfèrent**
>
> Perfekt:
> **j'ai préféré**

Übung 3

Setzen Sie die Präsensformen von *préférer* ein:

J'aime beaucoup la musique classique mais je .... le jazz. Tu veux une quiche ou tu .... un sandwich au gruyère? Sabine aime beaucoup la bière mais elle .... le vin. Nous aimons beaucoup la télévision (Fernsehen) mais nous .... le cinéma. Qu'est-ce que vous .... au petit déjeuner, le café au lait ou le thé? Ils aiment la littérature classique mais ils .... la littérature moderne.

Übung 4

Verbinden Sie die Fragen und die Antworten:

1. Qu'est-ce que tu prends?   a Les musées.
2. Qu'est-ce que vous avez fait?   b Oui, deux heures!
3. Tu connais le Louvre?   c Un Perrier citron.
4. On partage?   d Beaucoup de photos dans le Marais.
5. Versailles, ça t'a plu?   e Non, pas encore.
6. Tu aimes la bière?   f Non, trop de touristes.
7. Tu as fait la queue?   g Non, je vous invite.
8. Qu'est-ce que tu préfères à Paris? h Je préfère le vin.

Lektion 9 Übung

Übung 5

Ersetzen Sie *devoir* durch *il faut* nach folgendem Muster:

Nous devons prendre le métro. ***Il faut prendre le métro.***

1. Nous devons faire les courses.

....

2. Nous devons rentrer à sept heures.

....

3. Nous devons rester un an à Paris.

....

4. Nous devons descendre à Odéon.

....

5. Nous devons téléphoner à l'hôtel.

....

6. Nous devons faire la queue devant le musée.

....

7. Nous devons attendre Sabine.

....

8. Nous devons commencer à huit heures.

....

Übung 6

Setzen Sie die Mengenangaben ein:

1. Sabine a (wenig) .... copains à Paris.

2. Miko a fait (viel) .... photos dans le quartier.

3. Luis a mangé (zuviel) .... sandwichs.

4. Je bois (zwei Liter) .... eau par jour.

5. Il y a (zuviel) .... touristes à Versailles.

6. J'ai (wenig) .... bagages.

Übung, Wortschatz Lektion 9

7. Tu as (genug) .... argent?

8. Il mange (wenig) .... beurre.

Ein Wort passt nicht in der Reihe. Kreuzen Sie es an:

Übung 7

☐ le garçon ☐ l'addition ☐ le client ☐ le quartier

☐ la quiche ☐ la salade ☐ le guide ☐ le croque-monsieur

☐ le touriste ☐ le cours ☐ la visite ☐ le musée

☐ le sandwich ☐ le pâté ☐ le beurre ☐ le Bourgueil

Wortschatz

(café) crème *m*	Milchkaffee (im Lokal)	**eau minérale** *f*	Mineralwasser
à cause de	wegen	**en semaine**	unter der Woche
addition *f*	Rechnung		
appel *m*	Anruf	**était (être)**	war (sein)
autre chose	etwas Anderes	**eu (avoir)**	gehabt
avoir faim	Hunger haben	**excellent**	ausgezeichnet
		express *m*	Espresso
balade *f*	Bummel	**faire des photos**	fotografieren
beaucoup de	viel	**faire la queue**	anstehen
beurre *m*	Butter	**fermé**	geschlossen
Bourgueil *m*	(Rotwein aus dem Loiretal)	**grand**	groß
		gruyère *m*	Emmentaler
café au lait *m*	Milchkaffee (zu Hause)	**guide** *m*	Fremdenführer
chance *f*	Glück	**il faut (falloir)**	man muss, es ist nötig
chez moi	nach Hause		
choix *m*	Auswahl	**immense**	riesig (groß)
citron *m*	Zitrone	**inviter**	einladen
connu (connaître)	bekannt	**la prochaine fois**	das nächste Mal
croque-monsieur *m*	Schinkentoast mit Käse	**laisser**	lassen
		le matin	morgens
de bonne heure	früh	**marcher**	(zu Fuß) gehen
difficile	schwierig		

▶

Lektion 9 — Wortschatz, Landeskunde

Messieurs	(Anrede für	**salade**	gemischter
Dames	die Gäste)	**composée** *f*	Salat
ne... rien	nichts	**sandwich** *m*	Sandwich
nouveau	neu	**saucisson** *m*	Salami
partager	teilen	**servir à (sers)**	bringen,
pâté *m*	Leberpastete		bedienen
Perrier	(Marke mit	**si**	wenn
	Kohlensäure)	**tout l'après-**	den ganzen
photo *f*	Foto	**midi**	Nachmittag
plu (plaire)	gefallen	**très**	sehr
quelque chose	etwas	**trop de**	zu viel
quiche	elsässischer	**Vichy**	(Marke mit
lorraine *f*	Zwiebelku-		wenig Koh-
	chen		lensäure)
raconter	erzählen	**vieux**	alt
rendez-vous *m*	Treffen / Ver-	**Vittel**	(Marke für
	abredung		stilles Wasser)

Bezahlen im Restaurant

Wollen Sie in einem französischen Restaurant bezahlen, so rufen Sie den Kellner mit **Monsieur**, die Kellnerin (seltener als in Deutschland!) mit **Madame**. Grundsätzlich ist es in Frankreich nicht üblich in einem Lokal getrennt zu zahlen. Erst wird bezahlt und dann rechnen die Leute untereinander ab. Wenn auf der Rechnung **service compris** (inklusive Bedienung) steht, ist es trotzdem üblich ein Trinkgeld zu hinterlassen. Achtung! Man hinterlässt diskret und wortlos das Trinkgeld auf dem Tisch.

LEKTION 10

Dans un grand magasin

Au rayon vêtements femmes dans un grand magasin.
Vendeuse: Je peux vous aider?
Sabine: Je voudrais essayer cette robe rouge mais je n'ai pas trouvé ma taille.
Vendeuse: Vous faites du combien?
Sabine: Je fais du 40.
Vendeuse: Attendez, je vais regarder si nous avons encore ce modèle dans votre taille... Désolée, dans cette couleur je l'ai uniquement en 38.
Sabine: Je vais l'essayer quand même.
Dans une cabine d'essayage.
Vendeuse: Ça va?
Sabine: Elle est très étroite, j'hésite!
Vendeuse: Je vous ai apporté un autre modèle très joli en 40 en vert. Vous voulez l'essayer?
Sabine: Elle est bien cette robe, j'aime beaucoup le vert. C'est le même prix?

Lektion 10 Dialog

> *Vendeuse:* Non, cette robe est un peu plus chère mais la qualité du tissu est meilleure. C'est un autre style aussi, plus élégant. Ça vous plaît?
> *Sabine:* Oui, c'est plus classique, je vais faire un essai.
> *5 minutes plus tard.*
> *Sabine:* Qu'est-ce que vous en pensez?
> *Vendeuse:* Ça vous va très bien,
> *Sabine:* J'ai réfléchi, je la prends.

In einem Kaufhaus

In der Abteilung Damenbekleidung in einem Kaufhaus.
Verkäuferin: Kann ich Ihnen helfen?
Sabine: Ich möchte dieses rote Kleid anprobieren, aber ich habe meine Größe nicht gefunden.
Verkäuferin: Was haben Sie für eine Kleidergröße?
Sabine: Ich habe 40.
Verkäuferin: Warten Sie mal ... Ich schaue mal nach, ob wir dieses Modell noch in Ihrer Größe haben ... Tut mir Leid, in dieser Farbe habe ich es nur in 38.
Sabine: Ich probiere es trotzdem.
In einer Anprobekabine.
Verkäuferin: Passt es?
Sabine: Es ist sehr eng, ich bin unentschlossen.
Verkäuferin: Ich habe Ihnen ein anderes sehr schönes Modell gebracht in 40 in Grün. Möchten Sie es probieren?
Sabine: Das ist ein schönes Kleid, Grün mag ich sehr. Ist es der gleiche Preis?
Verkäuferin: Nein, dieses Kleid ist etwas teurer, aber die Stoffqualität ist besser. Es ist auch ein anderer Stil, eleganter. Gefällt es Ihnen?
Sabine: Ja, es ist klassischer, ich probiere es mal.
5 Minuten später.
Sabine: Wie finden Sie es?
Verkäuferin: Es steht Ihnen sehr gut.
Sabine: Ich habe es mir überlegt, ich nehme es.

Grammatik, Übung Lektion 10

Die Personalpronomen im Akkusativ : le, la, l', les

le, la, les, l' vor einem **Vokal** oder **stummem h** ersetzen eine **Akkusativergänzung** und richten sich in Geschlecht und Zahl nach dieser Ergänzung.

Je cherche **Sabine**.	Je **la** cherche.
Je cherche **la secrétaire**.	Je **la** cherche.
Elle essaye **la robe** rouge.	Elle **l'**essaye.
Il essaye **le pull** noir.	Il **l'**essaye.
On cherche **les clés** (Schlüssel).	On **les** cherche.
Je cherche **Florent**.	Je **le** cherche.
Je cherche **le professeur**.	Je **le** cherche.
Il cherche **les étudiants**.	Je **les** cherche.

Setzen Sie **le, la, l'**, oder **les** nach folgendem Beispiel ein:

Je cherche la vendeuse. Je la cherche.

Le guide cherche les touristes. Il .... cherche.
Sabine prend la jupe rouge? Elle .... prend.
Vous connaissez Monsieur Rougier? Oui, nous .... connaissons.
Elles cherchent le rayon parfumerie? Oui, elles .... cherchent depuis dix minutes.
Tu as l'adresse de Sabine? Oui, je .... ai.
Il connaît le quartier? Oui, il .... connaît très bien.

Übung 1

Verben auf -ayer: essayer (probieren, anprobieren)

Bei Verben auf **-ayer** sind zwei Schreibweisen möglich:

Präsens:

j'	essaye	oder	j'	essaie	
tu	essayes	oder	tu	essaies	
il/elle	essaye	oder	il/elle	essaie	
nous	essayons				
vous	essayez				
ils/elles	essayent	oder	ils/elles	essaient	▶

Perfekt:
j'ai essayé

■ Merke:
Genauso wird **payer** (bezahlen) konjugiert.

Das adjektivische Demonstrativpronomen

Singular		Plural
maskulin	*feminin*	*maskulin + feminin*

vor Konsonant:

ce	**cette**	**ces**
ce pull	**cette** robe	**ces** pulls
ce magasin	**cette** vendeuse	**ces** robes

vor Vokal oder stummem h:

cet	**cette**	**ces**
cet hôtel		**ces** hôtels
cet ami	**cette** amie	**ces** amis
(dieser Freund)	(diese Freundin)	**ces** amies

■ Merke:
ce, cet, cette, ces richten sich wie ein Adjektiv in Geschlecht und Zahl nach dem Bezugswort.

Übung, Grammatik — Lektion 10

Übung 2

Setzen Sie *ce, cet, cette* oder *ces* ein:

Beispiel: *Vous aimez (photo f)?* **Vous aimez cette photo?**

Vous aimez (magasin *m*) / (quartier *m*) / (modèle *m*) / (ville *f*) / (hôtel *m*) / (architecture *f*) / (musique *f*) / (café *m*)?

…….………………………………
…….………………………………
…….………………………………
…….………………………………
…….………………………………
…….………………………………
…….………………………………
…….………………………………

Adjektiv

a) **Formen**
Das Adjektiv richtet sich in Geschlecht und Zahl nach dem Substantiv, das es näher bestimmt.

un pull noir	ein schwarzer Pulli
des** pulls noir**s	schwarze Pullis
un pantalon bleu	eine blaue Hose
*un**e** robe bleu**e***	ein blaues Kleid
des** robe**s** bleu**es	blaue Kleider
un foulard vert	ein grünes Halstuch
*un**e** jupe vert**e***	ein grüner Rock
un manteau gris	ein grauer Mantel
un chemisier gris	eine graue Bluse
*un**e** chemise gris**e***	ein graues (Männer)Hemd
*un**e** voiture noir**e***	ein schwarzer Wagen
un touriste allemand	ein deutscher Tourist
*un**e** touriste allemand**e***	eine deutsche Touristin

▶

Bezieht sich ein Adjektiv auf mehrere Substantive, so erscheint es in der Form maskulin / Plural, wenn die Substantive maskulin und feminin sind, z.B. **une jupe et un pull bleus** (ein blauer Rock und ein blauer Pulli).

b) **Stellung des Adjektivs**
Das Adjektiv steht in der Regel nach dem Substantiv. Adjektive, die eine Farbe oder eine Nationalität bezeichnen, werden immer nachgestellt.

c) **Sonderformen des Adjektivs**
maskulin / Singular **blanc** (weiß) **bon** (gut) **beau** (schön)
feminin / Singular **blanche** **bonne** **belle**

Adjektive, die in der maskulinen Form auf *-e* enden, z.B. **un pull jaune** (ein gelber Pulli), **un pull rouge** (ein roter Pulli), **une jupe jaune** (ein gelber Rock), **une jupe rouge** (ein roter Rock), ändern sich nicht.

Übung 3

Verbinden Sie die Substantive mit dem richtigen Adjektiv:

1. une robe
2. des vendeuses
3. un étudiant
4. des pulls
5. un chemisier (Bluse)
6. une touriste

a françaises
b allemande
c vert
d noire
e espagnol
f blancs

Übung 4

Richten Sie das Adjektiv nach dem Substantiv:

un pull (bleu) ....

une robe (élégant) ....

des chemises (*f pl* Hemden) (gris) ....

un modèle (classique) ....

des chaussures (*f pl* Schuhe) (rouge) ......

une voiture (vert) ....

Übung, Wortschatz • Lektion 10

Finden Sie die passende Antwort:

Übung 5

1. Vous avez ce modèle en rouge?   **a** Oui, beaucoup.
2. Vous faites du combien?   **b** Non, désolée.
3. C'est le même prix?   **c** Ça vous va très bien.
4. Vous voulez l'essayer?   **d** Du 42.
5. Ça vous plaît?   **e** Volontiers (gerne).
6. Ça me va?   **f** Non, un peu plus cher.

Ergänzen Sie den Text:

Übung 6

1. Sabine veut .... une robe rouge.   **a** taille
2. Elle n'a pas trouvé sa ....   **b** autre
3. Elle fait .... 40.   **c** essayer
4. La vendeuse lui apporte un .... modèle.   **d** l'
5. C'est une robe ....   **e** réfléchit
6. Ce modèle est plus ....   **f** verte
7. Sabine ....   **g** du
8. Elle .... achète.   **h** cher

Wortschatz

aider	behilflich sein	classique	klassisch
apporter	bringen	couleur *f*	Farbe
aussi	auch	désolé(e)	tut mir Leid
ça va ? (aller)	passt es?	élégant	elegant
ça vous plaît?	gefällt es Ihnen?	en 42	in 42
		encore	noch
ça vous va (aller)	es steht Ihnen	essai *m*	Versuch
		essayer	anprobieren
cabine d'essayage *f*	Anprobekabine	étroit	eng
		faire du 38	Größe 38 haben
ce / cet / cette / ces	diese(r / s)		

▶

CENT-TROIS **103**

Lektion 10 — Wortschatz

grand magasin *m*	Kaufhaus
hésiter	zögern
meilleur	besser
même	gleich
modèle *m*	Modell
penser de	halten von
plus cher	teurer
prix *m*	Preis
qualité *f*	Qualität
quand même	trotzdem
rayon *m*	Abteilung
réfléchi	überlegt
(réfléchir)	
regarder	nachschauen
style *m*	Stil
taille *f*	Kleidergröße
tissu *m*	Stoff
très bien	sehr gut
trouver	finden
un peu	etwas
uniquement	nur
vert	grün
vert *m*	Grün (Farbe)
votre	Ihre (Höflichkeitsform)

Zusatzwortschatz

botte *f*	Stiefel
bonnet *m*	Mütze
chaussette *f*	Socke
chaussure *f*	Schuh
chemise *f*	Hemd
chemisier *m*	Hemdbluse
collant *m*	Strumpfhose
coton *m*	Baumwolle
en coton	aus Baumwolle
court	kurz
cuir *m*	Leder
écharpe *f*	Schal
gant *m*	Handschuh
imperméable *m*	Regenmantel
jupe *f*	Rock
large	weit
long/longue	lang
manteau *m*	Mantel
pantalon *m*	Hose
pointure *f*	Schuhgröße
pull *m*	Pulli
sac (à main) *m*	Handtasche, Rucksack
soutien-gorge *m*	BH
veste *f*	Jacke

Landeskunde — Lektion 10

Französische Mode

Frankreich ist weltbekannt für seine berühmten Modeschöpfer Dior, Chanel, Yves Saint-Laurent, Jean-Paul Gaultier, Christian Lacroix usw., deren **prêt-à-porter**-Kollektionen (Modellkollektionen) heute auch in großen Kaufhäusern angeboten werden.

Bei Damenbekleidung ist der Unterschied zwischen deutschen und französischen Kleidergrößen zu beachten: 38 in Deutschland entspricht 40 in Frankreich.

Test 2

1 Entscheiden Sie sich für eine der beiden Lösungen. Springen Sie dann zu dem durch die Nummer bezeichneten Feld.

2 Tout droit jusqu'à ...place!

la ⇨ 8
le ⇨ 15

6 Falsch!

Wieder zurück zu Nummer 8.

7 Falsch!

Wieder zurück zu Nummer 4.

11 Falsch!

Wieder zurück zu Nummer 29.

12 Sehr gut, weiter:
Je n'aime pas ... pull.

ce ⇨ 16
cette ⇨ 24

16 Gut, weiter:
Tournez ... gauche!

à ⇨ 22
sur ⇨ 18

17 Falsch!

Wieder zurück zu Nummer 22.

21 Falsch!

Wieder zurück zu Nummer 13.

22 Richtig!
Tu as de l'argen

Oui, j'ai. ⇨ 17
Oui, j'en ai. ⇨ 19

26 Falsch!

Wieder zurück zu Nummer 30.

27 Gut, weiter:
Sabine est ... France.

au ⇨ 23
en ⇨ 12

Test 2

3 Falsch!
Wieder zurück zu Nummer 5.

4 Gut weiter:
Je prends ... lait.
du ⇨ 20
de la ⇨ 7

5 Richtig, weiter:
Il est parti ... Etats-Unis.
en ⇨ 3
aux ⇨ 13

[6] Richtig, weiter:
... n'a pas... manteau.
[d]u ⇨ 6
[l]e ⇨ 25

9 Falsch!
Wieder zurück zu Nummer 25.

10 Falsch!
Wieder zurück zu Nummer 14.

[13] Richtig! Weiter:
habite ... Londres.
⇨ 21
⇨ 29

14 Sehr gut, weiter:
Je n'aime pas ... beurre.
du ⇨ 10
le ⇨ 30

15 Falsch!
Wieder zurück zu Nummer 2.

[1]8 Falsch!
Wieder zurück zu Nummer 16.

19 Richtig!
Ende der Übung

20 Prima, weiter:
... robe est chère!
Cette ⇨ 5
Cet ⇨ 28

[2]3 Falsch!
Wieder zurück zu Nummer 27.

24 Falsch!
Wieder zurück zu Nummer 12.

25 Sehr gut, weiter:
Tu vas ... musée?
au ⇨ 14
à la ⇨ 9

[2]8 Falsch!
Wieder zurück zu Nummer 20.

29 Prima, weiter:
Il téléphone ... hôtel.
à l' ⇨ 27
au ⇨ 11

30 Richtig, weiter:
Il y a trop ... touristes.
de ⇨ 4
des ⇨ 26

LEKTION

11 Au restaurant

Sabine: C'est très sympa ici!
Michel: J'ai découvert ce petit resto avec Caroline il y a un mois.
Caroline: Ici, on sert des fruits de mer excellents. Sabine, vous aimez les huîtres?
Sabine: Je n'en ai jamais mangé.

Menu

— Spécialité de la maison —
FRUITS DE MER

— Entrées —
MOULES MARINIÈRE
HUÎTRES

— Plats —
LOUP AU FENOUIL
CÔTELETTES D'AGNEAU
AVEC GRATIN DAUPHINOIS
STEAK AU POIVRE AUX
HARICOTS VERTS

— Fromages —

— Desserts —
SALADE DE FRUITS
TARTE AU CITRON

Garçon: Bonsoir Messieurs Dames, vous avez choisi?
Michel: Oui, pour moi le menu à 20 €, et toi Caroline?
Caroline: Je préfère manger à la carte. Comme hors-d'oeuvre des huîtres et après le colin au citron vert. Et toi, Sabine?
Sabine: Je ne sais pas quoi prendre. A part les huîtres, qu'est-ce que vous me recommandez?

Dialog

Caroline: Comme entrée, les moules marinière, après, du loup au fenouil, une spécialité provençale. Si tu préfères la viande, je te conseille un steak au poivre aux haricots verts ou bien des côtelettes d'agneau avec un gratin dauphinois.
Sabine: Qu'est-ce que c'est un gratin dauphinois?
Michel: C'est un gratin de pommes de terre, une spécialité régionale.
Sabine: Je prends les moules et le steak au poivre. Je peux avoir du gratin dauphinois avec à la place des haricots?
Garçon: Bien sûr, Mademoiselle. Et comme boisson?
Michel: Sabine, tu aimes le Muscadet? C'est un vin blanc sec qui va bien avec les fruits de mer.
Sabine: J'adore le Muscadet.
Michel: Alors une bouteille de Muscadet.
A la fin du repas.
Garçon: Vous désirez un dessert?
Caroline: Oui, deux tartes au citron et une salade de fruits. Sabine, tu prends aussi un café après?
Sabine: Non merci, pas de café pour moi.
Caroline: Alors deux cafés.
Un peu plus tard.
Michel: Monsieur, l'addition, s'il vous plaît!
Garçon: Voilà et des Cointreau offerts par la maison.
Michel: Merci, c'est gentil. A ta santé, Sabine!

Im Restaurant

Sabine: Es ist sehr nett hier.
Michel: Ich habe dieses kleine Restaurant vor einem Monat mit Caroline entdeckt.
Caroline: Hier gibt es ausgezeichnete Meeresfrüchte. Sabine, magst du Austern?
Sabine: Ich habe noch nie welche gegessen.
Garçon: Guten Abend, haben Sie schon gewählt?

Lektion 11 — Dialog

Michel: Ja, ich nehme das Menü für 20 €, und du, Caroline?
Caroline: Ich esse lieber à la carte. Als Vorspeise, Austern und danach den Seehecht mit Limette. Und du, Sabine?
Sabine: Ich weiß nicht, was ich nehmen soll. Was empfehlen Sie mir außer den Austern?
Caroline: Als Vorspeise die Muscheln im eigenen Saft, danach den Seewolf mit Fenchelsoße, eine provenzalische Spezialität. Wenn du lieber Fleisch magst, rate ich dir zu einem Pfeffersteak mit grünen Bohnen oder zu Lammkoteletts mit Gratin dauphinois.
Sabine: Was ist Gratin dauphinois?
Michel: Das ist ein überbackener Kartoffelauflauf, eine regionale Spezialität.
Sabine: Ich nehme die Muscheln und das Pfeffersteak. Kann ich dazu Gratin dauphinois statt grüner Bohnen bekommen?
Garçon: Selbstverständlich. Und was möchten Sie trinken?
Michel: Sabine, magst du Muscadet? Das ist ein trockener Weißwein, der gut zu Meeresfrüchten passt.
Sabine: Ich liebe Muscadet!
Michel: Also, dann eine Flasche Muscadet.

Am Ende der Mahlzeit.

Garçon: Möchten Sie eine Nachspeise?
Caroline: Ja, zwei Zitronentörtchen und einen Obstsalat. Sabine, nimmst du nachher auch einen Kaffee?
Sabine: Nein danke, keinen Kaffee für mich.
Caroline: Also, dann zwei Kaffee.

Ein bisschen später.

Michel: Herr Ober, die Rechnung bitte!
Garçon: Hier ist sie und dazu drei Cointreau auf Kosten des Hauses.
Michel: Danke, das ist nett. Auf dein Wohl, Sabine!

Das Adverbialpronomen en

*Tu as **des cigarettes**? Oui, j'**en** ai.*
Hast du Zigaretten? Ja, ich habe welche.
*Tu as **des allumettes**? Non, je n'**en** ai pas.*
Hast du Streichhölzer? Nein, ich habe keine.
*Tu as **un plan** de Paris? Oui, j'**en** ai un dans la voiture.*
Hast du einen Plan von Paris? Ja, ich habe einen im Auto.
*Il reste **du Muscadet**? Oui, j'**en** ai encore deux bouteilles.*
Gibt es noch Muscadet? Ja, ich habe noch zwei Flaschen.
*Tu fais **beaucoup de sport**? Oui, j'**en** fais trois fois par semaine.*
Machst du viel Sport? Ja, dreimal pro Woche.
*Tu viens **de l'aéroport**? Oui, j'**en** viens directement.*
Kommst du vom Flughafen? Ja, ich komme direkt von dort.
*Sabine parle **de ce voyage**? Oui, elle **en** parle souvent.*
Spricht Sabine über diese Reise? Ja, sie spricht oft darüber.

en erfüllt mehrere Funktionen:
a) **en** steht für eine **Akkusativergänzung**, die eine **Mengenangabe** bezeichnet. Man kann eine Mengenangabe durch Substantive (*un kilo de..., une tasse de...* usw.), **Adverbien** (*beaucoup de* / viel ..., *peu de* / wenig ...), den **Teilungsartikel** *(du / de la)* oder durch den **unbestimmten Artikel** *(un, une, des)* wiedergeben.

b) **en** verkürzt **Ortsangaben** mit *de,* z.B. *Tu viens **de l'aéroport**? Oui, j'**en** viens directement.*

c) **en** ersetzt **Verbergänzungen,** die mit *de* gemacht werden, z.B. **avoir besoin de** etwas brauchen, **parler de** über etwas reden. In diesem Fall steht **en** für eine Ergänzung mit *de,* die sich nur auf Sachen bezieht.

■ Merke:
en wird im Deutschen verschieden wiedergegeben und bleibt manchmal auch unübersetzt, z.B. **tu as combien de dictionnaires? J'en ai deux.** Wie viele Wörterbücher hast du? Ich habe zwei. Oder: **Vous avez du feu? Non, je n'en ai pas.** Haben Sie Feuer? Nein, ich habe keins.

Lektion 11 Übung, Grammatik

Übung 1

Unterstreichen Sie in den Sätzen, wofür *en* steht und übersetzen Sie den Text:

Tu prends des yaourts? Oui, j'en prends six. Il reste de l'eau minérale? Oui, il en reste trois bouteilles. Il y a encore du lait? Non, il n'y en a plus. Tu as des cigarettes? Oui, j'en ai encore.

Übung 2

Verbinden Sie die Fragen und die Antworten:

1. Tu as combien d'enfants?   **a** Non, il n'en a pas.

2. Vous avez encore du lait?   **b** Oui, j'en prends un kilo.

3. Il fait du sport?   **c** J'en ai trois.

4. Il a un plan du métro?   **d** Non, il n'en fait jamais.

5. Tu prends des oranges?   **e** Oui, j'en ai un litre.

Die indirekten Objektpronomen

*Qu'est-ce que vous **me** recommandez?*
Was empfehlen Sie mir?

me / m'	mir
te / t'	dir
vous	Ihnen
lui	ihm / ihr
nous	uns
vous	euch
leur	ihnen

■ Merke:
vor **Vokal** oder **stummem h** steht *m'* statt *me*, *t'* statt *te*.

Grammatik, Übung — Lektion 11

Diese Pronomen haben die Funktion einer **Dativergänzung** und stehen im Französischen nach Verben, die mit **à** konstruiert werden, z.B. **donner à** (j-m geben), **recommander à** (j-m empfehlen), **conseiller à** (j-m raten), **parler à** (mit j-m sprechen). Einige Verben, die im Deutschen mit einer Akkusativergänzung gebraucht werden, haben im Französischen eine Dativergänzung, z.B. **téléphoner à** (j-n anrufen), **demander à** (j-n fragen).

Aufgepasst

■ Merke:
Die indirekten Objektpronomen stehen im Satz **vor** dem Verb:
Il **me** téléphone.   Er ruft mich an.
Il ne **me** téléphone pas.   Er ruft mich nicht an.

Setzen Sie **lui** oder **leur** ein nach dem Muster:

*Paul donne un plan à Caroline. **Il lui donne un plan.***

Sabine parle de ses vacances à Luis. Elle .... parle de ses vacances.

John et Mary téléphonent au professeur de français. Ils .... téléphonent.

Caroline recommande le loup au fenouil à Sabine et à Michel. Elle .... recommande le loup au fenouil.

Miko demande l'heure à Luis. Elle .... demande l'heure.

Sabine donne du chocolat aux enfants. Elle .... donne du chocolat.

Übung 3

Lektion 11 Übung

Übung 4

Was sagen Sie, wenn Sie ...

1. ... Austern mögen?
   - **a** J'adore les huîtres.
   - **b** Je déteste les huîtres.

2. ... sich etwas empfehlen lassen?
   - **a** Qu'est-ce que vous avez?
   - **b** Qu'est-ce que vous me recommandez?

3. ... das Menü für 20 € nehmen?
   - **a** Pour moi le menu 20 €.
   - **b** Pour moi le menu à 20 €.

4. ... ein Pfeffersteak bestellen?
   - **a** Un steak au poivre, s'il vous plaît!
   - **b** Un steak poivre, s'il vous plaît!

5. ... zahlen möchten?
   - **a** Payer, s'il vous plaît!
   - **b** Monsieur, l'addition, s'il vous plaît!

Übung 5

Ein Wort passt jeweils nicht in die Reihe. Kreuzen Sie es an:

☐ le colin   ☐ le loup de mer   ☐ les huîtres   ☐ le steak

☐ les haricots   ☐ le dessert   ☐ le fenouil   ☐ la salade

☐ la viande   ☐ le gratin   ☐ la côtelette   ☐ le jambon

☐ manger   ☐ déjeuner   ☐ dîner   ☐ parler

Wortschatz — Lektion 11

addition *f*	Rechnung	**huître** *f*	Auster
à la marinière	im eigenen Saft	**loup de mer** *m*	Seewolf
à la place	statt	**manger**	essen
à part	außer	**menu** *m*	Menü
à ta (votre) santé!	auf dein (Ihr) Wohl!	**mois** *m*	Monat
		moule *f*	Miesmuschel
bien sûr	selbstverständlich	**offert (offrir)**	gespendet, geschenkt
boisson *f*	Getränk	**petit**	klein
carte *f*	Speisekarte	**plus tard**	später
choisir	wählen	**poivre** *m*	Pfeffer
citron *m*	Zitrone	**pomme de terre** *f*	Kartoffel
citron vert *m*	Limette		
colin *m*	Seehecht	**provençal**	provenzalisch, aus der Provence
comme	als		
conseiller à	raten	**quoi**	was
découvert (découvrir)	entdeckt	**recommander à**	empfehlen
		régional	regional
dernier	letzter	**repas** *m*	Essen
désirer	wünschen	**restaurant** *m*	Restaurant
dessert *m*	Nachspeise	**salade de fruits** *f*	Obstsalat
dîner	zu Abend essen		
		sec	trocken
entrée *f*	Vorspeise	**souvent**	oft
excellent	ausgezeichnet	**spécialité** *f*	Spezialität
fenouil *m*	Fenchel	**steak** *m*	Steak
fin *f*	Ende	**tarte** *f*	Obstkuchen
fruits de mer *m pl*	Meeresfrüchte	**un peu**	etwas / ein wenig
gratin dauphinois *m*	überbackener Kartoffelauflauf	**viande** *f*	Fleisch
		vin blanc *m*	Weißwein
haricot *m*	Bohne		
hors-d'œuvre *m*	(kalte) Vorspeise		

Lektion 11 — Wortschatz, Landeskunde

Zusatzwortschatz

agneau *m*	Lamm
bœuf *m*	Rind
carotte *f*	Karotte
crevette *f*	Garnele
glace *f*	Eis
légume *m*	Gemüse
petit pois *m*	Erbse
porc *m*	Schweinefleisch
poisson *m*	Fisch
pintade *f*	Perlhuhn
poulet *m*	Huhn
rôti *m*	Braten

Im Restaurant

Wenn Sie in einem französischen Speiselokal »à la carte« essen, können Sie zwar Ihr Essen zusammenstellen, es wird jedoch erwartet, dass Sie wenigstens zwei Gänge bestellen. Sie sollten also nicht nur einen Salat bestellen und dazu einen Kaffee trinken! Bei dem Menü *à la carte* wird die Bedienung **(le service)** und manchmal **le couvert** (das Gedeck) extra berechnet; es ist also nicht die preiswertere Lösung, da in der Regel die Menüpreise Inklusivpreise sind (**service compris** steht auf der Karte, vgl. auch Landeskunde zu Lektion 9).

A la gare

12

Sabine est à la gare de Lyon au guichet grandes lignes.

Sabine: Bonjour Monsieur. Je voudrais deux billets pour Grenoble, s'il vous plaît.
Employé: Aller simple ou aller et retour?
Sabine: Aller et retour, deuxième classe.
Employé: Vous prenez le TGV de quelle heure?
Sabine: Celui de 10 heures 05, jeudi prochain.
Employé: Voulez-vous des places fumeurs ou non-fumeurs?
Sabine: Non-fumeurs, près de la fenêtre, si possible.
Employé: Voilà vos réservations, vous avez les places 28 et 30 voiture 12. N'oubliez pas de composter vos billets et vos réservations avant le départ.
Sabine: A quelle heure on arrive à Grenoble?
Employé: Vous arrivez à Grenoble à 13 heures 11.

Lektion 12 — Dialog, Grammatik

> *Sabine:* Est-ce qu'il y a encore une correspondance pour Chamrousse?
> *Employé:* Attendez, je vais vous dire ça tout de suite ... Voilà, il y a un service de cars SNCF Grenoble Chamrousse. Vous en avez toutes les heures jusqu'à 21 heures.

Am Bahnhof

Sabine ist am Gare de Lyon am Fahrkartenschalter für Fernverkehr.

Sabine: Guten Tag! Ich möchte zwei Fahrkarten nach Grenoble, bitte.
Bahnangestellter: Einfach oder hin und zurück?
Sabine: Hin und zurück, zweiter Klasse.
Bahnangestellter: Welchen TGV nehmen Sie?
Sabine: Den um 10.05 Uhr, am nächsten Donnerstag.
Bahnangestellter: Möchten Sie Plätze für Raucher oder Nichtraucher?
Sabine: Nichtraucher, Fensterplätze, wenn möglich.
Bahnangestellter: Hier ist Ihre Reservierung, Sie haben die Plätze 28 und 30 im Wagen 12. Vergessen Sie nicht die Fahrkarten und die Reservierung vor Ihrer Abfahrt zu entwerten.
Sabine: Um wie viel Uhr kommen wir in Grenoble an?
Bahnangestellter: Sie kommen um 13.11 Uhr in Grenoble an.
Sabine: Gibt es dann noch einen Anschluss nach Chamrousse?
Bahnangestellter: Einen Augenblick, das sage ich Ihnen gleich ... Hier, es gibt einen Bahnbus von Grenoble nach Chamrousse. Bis 21 Uhr fährt jede Stunde einer.

Der Fragesatz (Zusammenfassung)

a) der Aussagesatz wird **durch Satzbetonung** zum Fragesatz (vgl. L. 3)

Vous prenez le TGV? Fahren Sie mit dem TGV?

Grammatik, Übung | Lektion 12

b) der Fragesatz mit **est-ce que** (vgl. L.6)
Est-ce que vous prenez le TGV?

c) der Fragesatz mit der Umstellung
Prenez-vous le TGV?
Bei dieser Frageform steht das Subjektpronomen hinter dem Verb, zwischen Verb und Pronomen steht dann ein Bindestrich.
Bei Verbformen, die in der 3. Person Singular nicht auf **d** oder **t** enden, wird vor **il, elle, on** ein **-t-** eingeschoben, z.B. *Où va-t-il?* Wohin geht er? Ist das Subjekt des Verbs ein Substantiv, muss das Substantiv hinter dem Verb durch ein Pronomen wiederholt werden, z.B: *Le train pour Grenoble est-il déjà en gare?* Ist der Zug nach Grenoble schon eingelaufen?

Aufgepasst

Fragesätze mit **Fragewörtern** (z.B. **où** / wo(hin), **comment** / wie, **quand** / wann usw.) können auf dreifache Weise gebildet werden.

*Tu vas **où**?*	*Tu vas **comment**?*	*Elle part **quand**?*
***Où** est-ce que tu vas?*	***Comment** est-ce que tu vas?*	***Quand** est-ce qu'elle part?*
***Où** vas-tu?*	***Comment** vas-tu?*	***Quand** part-elle?*

Bilden Sie Fragesätze mit der Umstellung nach folgendem Beispiel:

Est-ce que vous aimez les voyages? **Aimez-vous les voyages?**

1. Est-ce que vous prenez le train (den Zug) pour Grenoble?

....

2. Est-ce que vous allez à Chamrousse?

....

3. Est-ce que vous prenez un taxi?

....

Übung 1

4. Est-ce que vous avez un hôtel?

....

5. Est-ce que vous connaissez ce restaurant?

....

6. Est-ce que vous faites du ski de fond?

....

7. Est-ce que vous restez une semaine?

....

8. Est-ce que vous êtes professeur d'anglais?

....

9. Est-ce que vous avez un journal (eine Zeitung)?

....

Possessivbegleiter

*Je cherche **mon** billet.*	Ich suche meine Fahrkarte.
*Je cherche **ma** valise.*	Ich suche meinen Koffer.
*J'attends **mon** ami / **mon** amie.*	Ich warte auf meinen Freund/meine Freundin.
*Tu as **ton** billet?*	Hast du deine Fahrkarte?
*Tu cherches **ta** valise?*	Suchst du deinen Koffer?
*Tu attends **ton** amie?*	Wartest du auf deine Freundin?
*Elle cherche **son** billet.*	Sie sucht **ihre** Fahrkarte.
*Il cherche **son** billet.*	Er sucht **seine** Fahrkarte.
*Nous cherchons **notre** plan.*	Wir suchen unseren Plan.
*Vous cherchez **votre** billet?*	Suchen Sie Ihre Fahrkarte?
*Vous cherchez **votre** hôtel?*	Sucht ihr euer Hotel?
*Ils cherchent **leur** clé.*	Sie suchen ihren Schlüssel.
*Ils cherchent **leurs** enfants.*	Sie suchen ihre Kinder. ▶

Grammatik, Übung — Lektion 12

■ Merke:
Abweichend vom Deutschen stimmen die Possessivbegleiter in Geschlecht und Zahl mit dem Substantiv überein, auf das sie sich beziehen.

Singular
maskulin		*feminin*		*Plural maskulin+feminin*	
mon	mein / e	**ma**	mein / e	**mes**	meine
ton	dein / e	**ta**	dein / e	**tes**	deine
son	sein / e	**sa**	sein / e	**ses**	seine / ihre
					ihr / e ihr / e
notre	unser / e	**notre**	unser / e	**nos**	unsere
votre	Ihr / e eu(e)r / e	**votre**	Ihr / e eu(e)r / e	**vos**	Ihre eure
leur	ihr / e	**leur**	ihr / e	**leurs**	ihre

■ Merke:
Vor femininen Substantiven, die mit **Vokal** anfangen, werden **mon, ton, son** verwendet, z.B. **mon amie** meine Freundin.
Je nach Kontext heißt **Vous cherchez votre hôtel:** Sie suchen **Ihr** Hotel *oder* **Ihr** sucht **euer** Hotel, da **vous** eine Person (Höflichkeitsform) oder mehrere (2. Person Plural) bezeichnen kann.

Aufgepasst

Setzen Sie den passenden Possessivbegleiter nach folgendem Beispiel ein:

Vous avez ... billet? **Vous avez votre billet?**

Vous attendez .... amis? Tu cherches .... journal? Je cherche .... cigarettes. Il a garé .... voiture rue de Rivoli. Elle cherche .... place dans le train. Elle attend .... ami. Il téléphone à .... secrétaire. Je cherche .... hôtel. Tu prends .... petit déjeuner à quelle heure? Ils cherchent .... réservations.

Übung 2

Übung 3

Qu'est-ce que vous avez oublié dans le train? Was haben Sie im Zug liegen lassen?

J'ai oublié ... journal (m). **J'ai oublié mon journal.**

J'ai oublié .... valise *(f)*, ... bagages *(m pl)*, ... sac *(m)*, ... passeport *(m)*, ... lunettes *(f pl)* (Brille), ... walkman *(m)*.

Übung 4

Setzen Sie den passenden Possessivbegleiter ein:

1. Sabine attend .... amis au café.
2. Miko a oublié .... sac dans le métro.
3. Sabine n'a pas composté .... billet à la gare.
4. Luis cherche .... clés de voiture.
5. Il a garé .... voiture rue de Fleurus.
6. Miko et Luis ont rendez-vous à la Tartine, c'est .... café préféré.
7. Caroline et Michel Rougier accompagnent .... enfants à la gare.
8. Sabine a invité .... professeur à manger des crêpes.
9. Caroline aime le vert, c'est .... couleur préférée.
10. Ils habitent dans le quartier? Je n'ai pas .... adresse.
11. Miko cherche le numéro de .... sa place.
12. Luis prend toujours du Bourgueil, c'est .... vin préféré.

Übung, Wortschatz — Lektion 12

Übung 5

Übersetzen Sie:

Ich möchte eine Fahrkarte nach Paris, bitte. Einfach oder hin und zurück? Hin und zurück, zweiter Klasse, Nichtraucher, wenn möglich. Hier, Ihre Fahrkarte, Sie haben den Platz 10 im Wagen 13. Um wie viel Uhr komme ich an? Um 22 Uhr.

....
....
....
....

Wortschatz

aller et retour *m*	hin und zurück / Rückfahrkarte	**jeudi prochain**	nächsten Donnerstag
aller simple *m*	einfach (Fahrkarte)	**non-fumeur**	Nichtraucher
billet *m*	Fahrkarte	**oublier**	vergessen
celui de	den um	**place (assise)** *f*	Sitzplatz
composter	entwerten / abstempeln	**pour Grenoble**	nach Grenoble
correspondance *f*	Anschluss	**réservation** *f*	Reservierung
départ *m*	Abfahrt	**service de cars** *m*	Busverbindung
deuxième classe	zweiter Klasse	**si possible**	wenn möglich
employé *m*	Angestellter	**SNCF** *f*	französische Bahn
fenêtre *f*	Fenster	**tout de suite**	gleich
guichet *m*	Schalter	**toutes les heures**	jede Stunde

Zusatzwortschatz

arrivée *f*	Ankunft
banlieue *f*	Vororte, Vorortzug
consigne *f*	Gepäckaufbewahrung
couchette *f*	Liegewagenplatz
couloir *m*	Gang
fumer	rauchen
fumeur *m*	Raucher
grandes lignes *f pl*	Fernverkehr
horaire *m*	Fahrplan
première classe	erste Klasse
quai *m*	Bahnsteig
train corail *m*	(Zug mit) Großraumwagen
train *m*	Zug
trains de banlieue *m pl*	Vorortzüge
voie *f*	Gleis
wagon-lit *m*	Schlafwagen
wagon-restaurant *m*	Speisewagen

Der TGV

Der französische **TGV** entspricht dem deutschen ICE. Allerdings kann man den TGV ohne vorherige Reservierung nicht benützen. In Frankreich kann man seine Fahrkarte mit dem **Minitel** (vergleichbar mit dem deutschen Btx-System) reservieren. Wichtig: Bevor man in den TGV (dies gilt für alle Züge) einsteigt, muss man die Fahrkarte und die Reservierung entwerten.

Week-end au ski

13

Vendredi en gare de Grenoble.
Sabine: Pardon Monsieur, est-ce qu'il y a un car pour Chamrousse?
Employé: C'est le car qui s'arrête devant la gare. Dépêchez-vous, il va bientôt partir!

A Chamrousse. Sabine et Miko cherchent une chambre d'hôtel.
Sabine: Bonjour Madame, vous avez une chambre pour deux personnes?
Réceptionniste: Vous avez de la chance! J'en ai encore une de libre. D'habitude en pleine saison, tout est complet! Et si vous voulez faire du ski je loue aussi du matériel. Profitez-en! La neige est excellente sur les pistes du moins en ce moment!
Sabine: Super, Miko, tu sais bien skier?
Miko: J'ai déjà fait deux stages avec un moniteur. Je me débrouille, mais pour les pistes noires, ne compte pas sur moi!

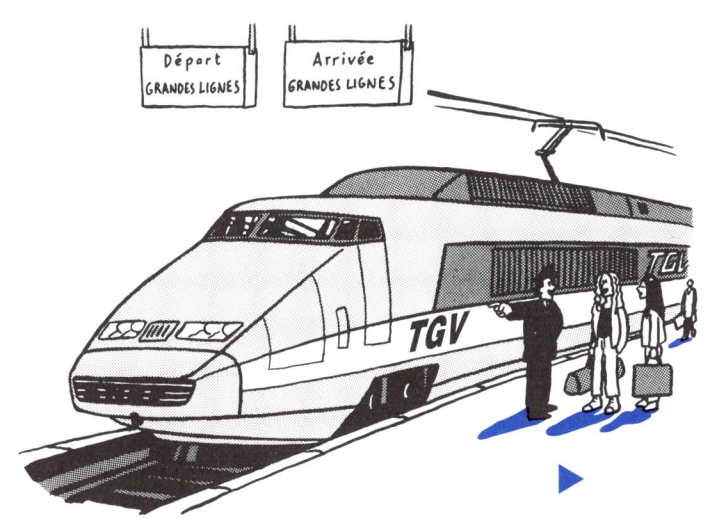

Lektion 13 — Dialog

> *Sabine:* Moi, j'adore le hors piste. Allons-y. Au fait, c'est possible d'acheter un forfait pour le week-end?
>
> *Réceptionniste:* Ah oui! Les forfaits sont à la journée et ils coûtent 30 euros par personne, toutes les remontées mécaniques comprises. Vous pouvez aussi prendre un forfait horaire, mais c'est plus cher. Mais il est encore tôt, vous avez toute la journée devant vous et il fait un temps superbe. Amusez-vous bien! La météo prévoit des chutes de neige pour ce week-end!

Ein Wochenende beim Skifahren

Freitags am Bahnhof von Grenoble.

Sabine: Entschuldigen Sie, gibt es einen Bus, der nach Chamrousse fährt?

Bahnangestellter: Es gibt einen Bus, der vor dem Bahnhof hält. Beeilen Sie sich, er fährt gleich ab.

In Chamrousse. Sabine und Miko suchen ein Hotelzimmer.

Sabine: Guten Tag. Haben Sie ein Zimmer für zwei Personen frei?

Empfangsdame: Sie haben Glück, ich habe noch eins frei. Normalerweise ist in der Hauptsaison alles belegt. Und wenn Sie Ski fahren wollen: Ich vermiete auch Skier und Zubehör. Nützen Sie es aus! Der Schnee auf den Pisten ist ausgezeichnet, zumindest im Augenblick.

Sabine: Das ist toll! Miko, kannst du gut Ski laufen?

Miko: Ich habe schon zwei Kurse bei einem Skilehrer gemacht. Ich komme zurecht, aber bei schwarzen Abfahrten kannst du nicht mit mir rechnen!

Sabine: Ich liebe es, außerhalb der Pisten zu fahren! Gehen wir! Übrigens, ist es möglich, einen Skipass fürs Wochenende zu kaufen?

Empfangsdame: Oh ja! Die Skipässe gelten für einen Tag und kosten 30 Euro pro Person, alle Seilbahnen und Skilifte inbegriffen. Sie können auch Karten pro Stunde kaufen, aber das ist teurer. Aber es ist ja noch früh, Sie haben ▶

den ganzen Tag vor sich und das Wetter ist herrlich. Viel Spaß! Der Wetterbericht sagt Schneefälle für das Wochenende voraus.

Wochentage, Monate und Datum

lundi	Montag	*janvier*	Januar
mardi	Dienstag	*février*	Februar
mercredi	Mittwoch	*mars*	März
jeudi	Donnerstag	*avril*	April
vendredi	Freitag	*mai*	Mai
samedi	Samstag	*juin*	Juni
dimanche	Sonntag	*juillet*	Juli
		août	August
		septembre	September
		octobre	Oktober
		novembre	November
		décembre	Dezember

■ Merke:
Die Namen der Wochentage, der Monate und der Jahreszeiten sind maskulin. **Datumsangabe:** Der erste Tag eines Monats wird mit der Ordnungszahl *(premier)* angegeben, alle anderen Monatstage mit den jeweiligen Grundzahlen (s. L.4):

Aujourd'hui c'est oder **nous sommes le 1er** *(premier)* **mai.** Heute ist der 1. Mai.
Aujourd'hui c'est le 12 *(douze)* **avril / le 28** *(vingt-huit)* **juin.** Heute ist der 12. April / der 28. Juni.

Lektion 13 Grammatik, Übung

> ■ Merke:
> ***Vous arrivez quand? Le 28 juin*** (am 28. Juni).
> ***Vous arrivez quand? Dimanche*** (am Sonntag).
> ***J'ai rendez-vous le mardi 12 octobre.***
> Ich habe einen Termin am Dienstag, den 12. Oktober.
> In einem Brief: **Paris, le 12 octobre 1995**
> *Je suis en vacances **en juin** oder **au mois de juin**.*
> Ich bin im Juni in Urlaub.
> ***Vous restez combien de temps à Lyon?*** Wie lange bleiben Sie in Lyon? *3 jours,* ***du 2 au 4 mai***. 3 Tage vom 2. bis zum 4. Mai.

Übung 1

Schreiben Sie die Geburtstage nach dem folgenden Muster aus:

25.6. (Gérard) **Le vingt-cinq juin, c'est l'anniversaire de Gérard.**
Am 25. Juni hat Gérard Geburtstag.

1. 20.5. (Caroline) ....
2. 11.11. (Miko) ....
3. 8.3. (Luis) ....
4. 1.4. (Sabine) ....
5. 12.10. (Michel) ....

> ***Das Verb partir*** (abfahren / wegfahren)
>
> Präsens
> *je pars*   *nous partons*
> *tu pars*   *vous partez*
> *il / elle / on part*   *ils / elles partent*

128 CENT-VINGT-HUIT

Perfekt
je suis parti(e)
tu es parti(e)
usw. vgl. Lektion 7

Setzen Sie die richtigen Endungen von *partir* (Präsens) ein:

Übung 2

Je (partir) .... en Angleterre au mois de septembre. Quand est-ce que vous (partir) .... ? Nous (partir) .... un peu plus tard en octobre. Est-ce que Sabine (partir) .... avec vous? Je ne sais pas. Et toi, tu (partir) .... avec Luis et Abel? Non, ils (partir) .... une semaine avant moi, je les rejoins à Londres.

Reflexive Verben

se renseigner (sich erkundigen)

Präsens:

je me renseigne
tu te renseignes
il / elle / on se renseigne
nous nous renseignons
vous vous renseignez
ils / elles se renseignent

■ Merke:
Vor **Vokal** und **stummem h** werden *me, te, se,* zu *m', t', s',* z.B. *s'amuser* (Spaß haben): *je m'amuse, tu t'amuses, elle / il s'amuse.* usw.

Nicht jedes Verb, das im Französischen reflexiv ist, ist es auch im Deutschen, z.B. *s'appeler* (heißen), *se promener* (spazieren gehen), *se débrouiller* (zurechtkommen). ▶

Lektion 13   Grammatik, Übung

> **Imperativ:**
>
> ***renseigne-toi!*** erkundige dich!
> ***renseignez-vous!*** erkundigen Sie sich! / erkundigt euch!
> Beim Imperativ steht ***toi*** anstelle von ***te.***

Übung 3

Konjugieren Sie die reflexiven Verben:

1. Je (se renseigner) .... sur les prix des hôtels.
2. Tu (se renseigner) .... sur les bus pour Chamrousse.
3. Vous (se renseigner) .... sur les prix des forfaits.
4. Elle (se débrouiller) .... bien (gut) en français.
5. Il (s'appeler) .... Luis.
6. Les enfants (s'amuser) .... bien au ski.

Übung 4

Ergänzen Sie den Text:

1. Sabine et Miko sont .... à Chamrousse.   a neige
2. A Grenoble elles ont pris le ....   b skis
3. Elles cherchent une .... pour 2 personnes.   c sait
4. Sabine .... skier sur les pistes noires.   d car
5. Miko ne .... pas bien faire du ski.   e moniteur
6. Elle veut prendre des cours avec un ....   f arrivées
7. Il y a beaucoup de .... à Chamrousse.   g chambre
8. On peut louer des .... à l'hôtel.   h veut

Übung, Wortschatz — Lektion 13

Ein Wort passt nicht in die Reihe. Kreuzen Sie es an:

☐ SNCF	☐ le train	☐ la voiture	☐ le car
☐ la piste	☐ le moniteur	☐ le ski	☐ la chambre
☐ coûter	☐ réserver	☐ louer	☐ chercher
☐ le forfait	☐ la journée	☐ le mois	☐ la semaine
☐ lundi	☐ août	☐ jeudi	☐ mardi
☐ s'arrêter	☐ se renseigner	☐ s'amuser	☐ visiter

Übung 5

Übersetzen Sie:

Entschuldigen Sie, gibt es einen Bus nach les Deux-Alpes? Es gibt einen Bus, der um 10 Uhr abfährt *(partir)*. Haben Sie ein Zimmer für eine Person *(pour une personne* oder *individuelle)* frei. Tut mir Leid *(je regrette)*, alles ist belegt! Wo kann ich Skier mieten? Ist es möglich einen Skipass für das Wochenende zu kaufen?

……………………………………………………………
……………………………………………………………
……………………………………………………………
……………………………………………………………
……………………………………………………………
……………………………………………………………

Übung 6

Wortschatz

acheter	kaufen	**chute de neige** f	Schneefall
au fait	übrigens		
au ski	beim Skifahren	**complet**	besetzt
		compris	inklusive
bus m	Stadtbus	**coûter**	kosten
car m	Reisebus	**d'habitude**	gewöhnlich
chambre (d'hôtel) f	Hotelzimmer	**du moins**	zumindest
		en ce moment	im Augenblick
chance f	Glück		

CENT-TRENTE ET UNE

Lektion 13 — Wortschatz

être à la journée	pro Tag gelten
excellent	ausgezeichnet
forfait *m*	Pauschale / Skipass
horaire	pro Stunde
il fait un temps superbe	das Wetter ist herrlich
journée *f*	Tag
libre	frei
location *f*	Vermietung
louer	mieten / vermieten
matériel *m*	Zubehör
météo *f*	Wetterbericht
moniteur (de ski) *m*	Skilehrer
neige *f*	Schnee
par personne	pro Person
piste *f*	Abfahrt
pleine saison *f*	Hauptsaison
plus cher	teurer
possible	möglich
prévoir (prévoit)	vorhersagen
qui	der (Relativpronomen)
réceptionniste *f*	Empfangsdame
remontée mécanique *f*	Skilift
s'amuser	Spaß haben
s'arrêter	(an)halten
se débrouiller	zurechtkommen / klarkommen
se dépêcher	sich beeilen
si	wenn
ski *m*	Ski
faire du ski	Ski fahren
stage *m*	Kurs
tôt	früh
tout	alles
toutes *(f pl)*	alle
vendredi	Freitag
week-end *m*	Wochenende

LEKTION 14

Rencontre dans le TGV

Le train démarre. Sabine est assise à côté de Denis plongé dans la lecture de son journal.

Sabine: Excusez-moi, je vois que vous lisez »Le Figaro«, je n'ai pas eu le temps de l'acheter à la gare. Je peux avoir les pages des petites annonces?

Denis: Pourquoi les petites annonces? Vous cherchez du travail?
Sabine: Oui, je voudrais trouver un stage dans une agence de communication à Paris.
Denis: En ce moment ce n'est pas facile, mais j'ai peut-être un tuyau pour vous.
Sabine: Vous êtes sérieux?
Denis: Toujours, mais d'abord je me présente, je m'appelle Denis Moisson, je travaille à Paris dans une agence de communication. Mon patron cherche quelqu'un qui parle anglais et aussi un peu allemand pour organiser des rencontres avec nos clients européens. Ça vous intéresse?

Sabine:	Mais c'est exactement ce que j'aimerais faire. Je cherche depuis trois semaines et je n'ai rien trouvé! Je suis allemande, je parle anglais couramment et j'ai une formation de secrétaire.
Denis:	Alors, il faut tenter votre chance. Tenez, voilà ma carte avec mon numéro au bureau. Attendez, je vous écris aussi mon numéro de téléphone personnel, mon adresse et mon code. Encore plus simple, je vous invite demain soir chez moi à l'apéritif pour discuter de votre candidature. Vous acceptez?
Sabine:	Pourquoi pas, vers quelle heure?
Denis:	Je rentre du bureau vers 7 heures, ça vous va?
Sabine:	Entendu!

Treffen im TGV

Der Zug fährt ab. Sabine sitzt neben Denis, der in seine Zeitung vertieft ist.

Sabine:	Entschuldigen Sie, ich sehe, dass Sie den »Figaro« lesen. Ich hatte keine Zeit mehr ihn am Bahnhof zu kaufen. Kann ich bitte die Seite mit den Kleinanzeigen haben?
Denis:	Warum die Kleinanzeigen? Suchen Sie Arbeit?
Sabine:	Ja, ich würde gern ein Praktikum bei einer Werbeagentur in Paris machen.
Denis:	Das ist nicht einfach zur Zeit, aber ich habe vielleicht einen Tipp für Sie.
Sabine:	Ist das Ihr Ernst?
Denis:	Aber ja! Ich stelle mich zuerst einmal vor: Mein Name ist Denis Moisson, ich arbeite bei einer Werbeagentur in Paris. Mein Chef sucht jemanden, der Englisch spricht und auch ein bisschen Deutsch, um Treffen zwischen unseren europäischen Kunden zu organisieren. Interessiert Sie das?
Sabine:	Das ist genau das, was ich gern machen würde. Ich suche seit drei Wochen und habe noch nichts

Dialog, Grammatik, Übung   Lektion 14

	gefunden. Ich bin Deutsche, spreche fließend Englisch und habe eine Ausbildung als Sekretärin.
Denis:	Dann müssen Sie Ihr Glück versuchen. Hier ist meine Visitenkarte mit meiner Telefonnummer im Büro. Warten Sie, ich schreibe Ihnen auch meine Privatnummer auf, meine Adresse und auch den Code für meine Haustür. Noch einfacher, ich lade Sie morgen Abend zum Aperitif bei mir ein um über Ihre Bewerbung zu reden. Nehmen Sie die Einladung an?
Sabine:	Warum nicht, um wie viel Uhr?
Denis:	Ich komme um 7 Uhr aus dem Büro, ist Ihnen das recht?
Sabine:	Einverstanden!

Die Verben voir, lire, acheter

voir (sehen)   **lire** (lesen)   **acheter** (kaufen)
Präsens:
je vois   *je lis*   *j'achète*
tu vois   *tu lis*   *tu achètes*
il / elle / on voit   *il / elle / on lit*   *il / elle / on achète*
nous voyons   *nous lisons*   *nous achetons*
vous voyez   *vous lisez*   *vous achetez*
ils / elles voient   *ils / elles lisent*   *ils / elles achètent*

Perfekt:
j'ai vu   *j'ai lu*   *j'ai acheté* usw.

Setzen Sie die richtigen Endungen der Verben im Präsens ein:

Qu'est-ce que tu (lire) .... comme journal? »Le Figaro«, et toi? Moi, je (lire) .... »Le Monde«. Vous (acheter) .... les billets de train jeudi? Non, je les (acheter) .... aujourd'hui. Est-ce que vous (voir) .... Sabine ce week-end? Oui, je la (voir) .... à Grenoble. Nous (partir) .... faire du ski.

Übung 1

Lektion 14   Grammatik, Übung

> **Das Relativpronomen qui**
>
> *C'est le bus **qui** part à 9 heures.*
> (Das ist) der Bus, der um 9 Uhr abfährt.
> *C'est Sabine **qui** achète le journal.*
> (Das ist) Sabine, die die Zeitung kauft.
> *Les touristes **qui** partent à 9 heures.*
> Die Touristen, die um 9 Uhr wegfahren.
>
> Das Relativpronomen **qui** (der / die / das) ist immer Subjekt, hier des Relativsatzes, und bezieht sich sowohl auf Personen als auch auf Sachen.

Übung 2

Bilden Sie Sätze nach folgendem Muster:

C'est Miko. Elle achète le journal. ***C'est Miko qui achète le journal.***

1. C'est Sabine. Elle est assise à côté de Denis.

   ....

2. C'est Denis. Il travaille dans une agence à Paris.

   ....

3. C'est le TGV pour Grenoble. Il part à 10 heures.

   ....

4. C'est la patronne de l'hôtel. Elle loue des skis.

   ....

5. C'est le restaurant japonais. Il n'est pas cher.

   ....

Grammatik

Die Vergleichsformen

Komparativ:
a) **plus... que...**

Il est **plus** grand **que** Paul.	Er ist größer als Paul.
Tu es **plus** grande **que** Miko.	Du bist größer als Miko.
Elle parle **plus que** Denis.	Sie spricht mehr als Denis.

b) **moins ... que**

Il est **moins** sportif **qu'**elle.	Er ist weniger sportlich als sie.
Elle est **moins** triste **que** moi.	Sie ist weniger traurig als ich.
Il fume **moins que** Luis.	Er raucht weniger als Luis.

Superlativ:
a) **le plus, la plus, les plus**

Elle lit **le plus.**	Sie liest am meisten.
le plus simple	das Einfachste
C'est **le plus** grand.	Er ist der größte.
C'est **la plus** intelligente.	Sie ist die klügste.
les hôtels **les plus** chers	die teuersten Hotels

b) **le moins, la moins, les moins**

C'est **le moins** riche.	Er ist der ärmste.
C'est **la moins** grande.	Sie ist die kleinste.
les hôtels **les moins** chers	die billigsten Hotels

Lektion 14 — Übung

Übung 3

Bilden Sie Sätze mit Vergleichsformen nach folgendem Muster:

Paris / Munich / + grand: **Paris est plus grand que Munich.**
Munich / Paris / – grand: **Munich est moins grand que Paris.**

1. une chambre à Paris / une chambre à Chamrousse / + chère

....

2. une chambre à Chamrousse / une chambre à Paris / – chère

....

3. l'hôtel à Tokyo / l'hôtel à Paris / + cher

....

4. l'hôtel à Paris / l'hôtel à Tokyo / – cher

....

5. l'Europe / l'Afrique / + riche

....

6. l'Afrique / l'Europe / – riche

....

7. la lecture du Figaro / la lecture du Monde / + facile

....

8. la lecture du Monde / la lecture du Figaro / – facile

Übung 4

Setzen Sie die Verben ins Perfekt:

1. Le train part à 1o heures. ....
2. Je rencontre Miko dans le TGV. ....
3. Elle achète le journal. ....
4. On lit les petites annonces du Figaro. ....
5. Elle voit Luis lundi. ....

Übung, Wortschatz • Lektion 14

Übung 5

Übersetzen Sie:

Ich suche seit (depuis) drei Wochen Arbeit (du travail). Ich lese die Kleinanzeigen. Ich habe einen Tipp für Sie. Mein Chef sucht eine Sekretärin, die Englisch und Deutsch spricht. Interessiert Sie das? Ich lade Sie morgen (demain) zum Aperitif bei mir ein. Um wie viel Uhr? Ich arbeite bis (jusqu'à) 7 Uhr, kommen Sie um 8 Uhr.

....
....
....
....
....
....

Wortschatz

accepter	annehmen	**dans**	in
acheter	kaufen	**démarrer**	losfahren
adresse personnelle *f*	Privatadresse	**discuter de**	sich über etw. unterhalten
agence de communication *f*	Werbeagentur	**en ce moment**	zur Zeit
		entendu	einverstanden
apéritif *m*	Aperitif	**être assis**	sitzen
aussi	auch	**facile**	leicht
avoir le temps de (+ Infinitiv)	Zeit haben (etw. zu tun)	**rencontre** *f*	Treffen / Begegnung
ça	das	**intéresser**	interessieren
ça vous va?	ist Ihnen das recht?	**inviter**	einladen
		j'aimerais	ich würde gern
candidature *f*	Bewerbung		
carte de visite *f*	Visitenkarte	**jeune homme** *m*	junger Mann
chance *f*	Glück		
chez moi	bei mir	**journal** *m*	Zeitung
client *m*	Kunde	**lecture** *f*	Lesen
code *m*	Code	**lire**	lesen
couramment	fließend	**mais**	aber

▶

numéro de téléphone *m*	Telefonnummer	**rencontrer**	treffen
organiser	organisieren	**rentrer du bureau**	aus dem Büro kommen
patron *m*	Chef	**se présenter**	sich vorstellen
petites annonces *f pl*	Kleinanzeigen	**semaine** *f*	Woche
peut-être	vielleicht	**sérieux**	ernst
plongé dans	vertieft in	**simple**	einfach
plus simple	einfacher	**stage** *m*	Praktikum
pour (+ Infinitiv)	um ... zu	**tenez**	Hier ...
		tenter	versuchen
pourquoi pas	warum nicht	**toujours**	immer
pourquoi	warum	**travail** *m*	Arbeit
quelqu'un	jemand	**travailler**	arbeiten
qui	der / die / das (Relativpronomen)	**trouver**	finden
		tuyau *m*	Tipp
		vers	um / gegen

Die »codes«

Die Zeit, in der die **concierges** über das Kommen und Gehen sämtlicher Besucher und Bewohner eines Hauses Bescheid wussten und dem Besucher z.B. die Information *Dupont 3ème étage à droite* (Dupont dritter Stock links) geben mussten, weil die Hausbewohner bewusst ihre Namen nicht an den Türen angebracht hatten, gehört allmählich der Vergangenheit an. Aus Sicherheitsgründen gehen heutzutage die Haustüren nur auf, wenn man den **code** weiß. Will man also seine Freunde in Paris besuchen, muss man die (wechselnden!) Zahlen und Buchstabenkombinationen kennen um ins Haus zu kommen. Im Unterschied zu Deutschland haben sich Sprechanlagen nicht durchgesetzt.

Coup de fil à l'agence

15

LEKTION

> AGENCE CHARRAIN, BONJOUR

> ALLO, ICI SABINE DIETZ

Secrétaire: Agence Charrain, bonjour.
Sabine: Allô, ici Sabine Dietz, j'aimerais parler au directeur de l'agence, Monsieur Charrain.
Secrétaire: C'est à quel sujet?
Sabine: J'ai rencontré Monsieur Moisson qui travaille chez vous. Il m'a dit que vous cherchez une stagiaire qui parle anglais et allemand. Je voudrais poser ma candidature.
Secrétaire: Laissez-moi votre numéro de téléphone. Je ne peux pas déranger Monsieur Charrain, il est en réunion. Je lui laisse votre message, il vous rappellera à 5 heures.

5 heures, Monsieur Charrain appelle Sabine.
Sabine: Allo?... Oui, c'est moi, bonjour Monsieur... Oui, c'est exact, je suis allemande, je parle anglais couramment.

Lektion 15 — Dialog

> *M. Charrain:* J'aimerais vous rencontrer pour discuter des conditions de stage. Vous êtes libre jeudi après-midi à 3 heures?
> *Sabine:* Oui, je n'ai rien de prévu.
> *M. Charrain:* Très bien, rendez-vous donc jeudi à 3 heures. N'oubliez pas de me faire un petit C.V.(cévé) avec votre formation et vos expériences professionnelles. Au revoir, Mademoiselle.

Anruf bei der Agentur

Sekretärin: Agentur Charrain, guten Tag.
Sabine: Hier Sabine Dietz, ich hätte gern Herrn Charrain, den Leiter der Agentur, gesprochen.
Sekretärin: Worum geht es denn?
Sabine: Ich habe Herrn Moisson, der bei Ihnen arbeitet, getroffen. Er hat mir erzählt, dass Sie eine Praktikantin suchen, die Englisch und Deutsch spricht. Ich möchte mich bewerben.
Sekretärin: Hinterlassen Sie mir Ihre Telefonnummer. Ich kann Herr Charrain jetzt nicht stören, er ist in einer Sitzung. Ich werde ihm Ihre Nachricht übermitteln, er wird Sie um 5 Uhr zurückrufen.

5 Uhr, Herr Charrain ruft Sabine an.
Sabine: Ja? ... Das bin ich, guten Tag ... Ja, das stimmt, ich bin Deutsche, ich spreche fließend Englisch.
M. Charrain: Ich würde Sie gerne treffen, um über die Bedingungen des Praktikums zu sprechen. Haben Sie am Donnerstagnachmittag um 3 Uhr Zeit?
Sabine: Ja, ich habe nichts vor.
M. Charrain: Gut, dann treffen wir uns am Donnerstag um 3 Uhr. Vergesssen Sie nicht, einen kurzen Lebenslauf mit Ihrer Ausbildung und Ihren Berufserfahrungen mitzubringen. Auf Wiedersehen.

Grammatik   Lektion 15

Leitfaden für einen geschäftlichen Telefonanruf

1. Wie melden Sie sich?
a) *Allô, ici Sabine Dietz de la société X* (Firma X), *je voudrais parler à Monsieur / Madame X.*
In diesem Fall werden Sie weitervermittelt, da Sie nicht direkt wählen können – Sie kennen z.B. die Nebenstelle *(le numéro de poste)* von *Monsieur / Madame X* nicht, oder es meldet sich niemand.
b) *Allô? ... Bonjour Madame / Monsieur, Sabine Dietz de la société X.*
In diesem Fall haben Sie die Nebenstelle direkt gewählt.

■ Merke:
Zuerst melden Sie sich mit *allô* und dann stellen Sie sich mit Vornamen und Familiennamen vor und sagen, für welche Firma Sie arbeiten *(de la société X oder société X)*. Sie können zusätzlich Ihre Funktion innerhalb der Firma angeben, z.B. *responsable du service après-vente* (zuständig für den Kundendienst) oder nur Ihre Abteilung, z.B. *service* (Marketing).

2. Wie stellt sich Ihr Gesprächpartner vor?
a) *Allô, bonjour, ici l'agence Charrain.*
b) *Oui, c'est à quel sujet?* Worum handelt es sich?
c) *Bonjour Madame / Monsieur, que puis-je faire pour vous?* Was kann ich für Sie tun?
Bei a) meldet sich die Zentrale *(le standard)* oder in einer kleineren Firma die Sekretärin. Bei b) werden Sie nach dem Motiv Ihres Anrufs gefragt. Bei c) möchte Ihr Gesprächspartner wissen, womit er Ihnen behilflich sein kann.

3. Sie erreichen Ihren Gesprächspartner nicht, weil ...
a) ... er / sie nicht da ist:
Monsieur / Madame X est absent/e.
Er / sie ist nicht da.   ▶

> ***Monsieur / Madame X est en voyage d'affaires.***
> Er / sie ist auf Geschäftsreise.
>
> b) ... er / sie momentan nicht erreichbar ist:
> ***Il / elle est en réunion / en conférence.***
> Er / sie ist in einer Sitzung.
> ***C'est occupé.*** Es ist besetzt.
> ***Il / elle parle sur l'autre ligne.***
> Er / sie spricht auf der anderen Leitung.
>
> 4. Sie werden mit ihm / ihr verbunden:
> ***Je vous passe Monsieur /Madame X.***
> Ich verbinde!
> ***Ne quittez pas!*** Bleiben Sie am Apparat!
>
> 5. Sie werden vertröstet:
> ***Vous pouvez le / la joindre à 7 heures.***
> Sie können ihn / sie um 7 Uhr erreichen.
> ***Vous voulez rappeler?*** Möchten Sie zurückrufen?
> ***Il / elle peut vous rappeler?***
> Kann er / sie zurückrufen?
> ***Vous voulez laisser un message?***
> Möchten Sie eine Nachricht hinterlassen?

Übung 1

Was sagen Sie am Telefon, wenn Sie...

1. ... sich melden?
    a Meyer.
    b Allô, ici Dieter Meyer.
    c Allô, Meyer.

2. ... Frau Gaume sprechen wollen?
    a Je veux Madame Gaume.
    b Je voudrais parler à Madame Gaume.
    c Madame Gaume, s'il vous plaît.

Übung   Lektion 15

3. ... um 5 Uhr zurückrufen möchten?
   a Je peux rappeler à 5 heures.
   b Je téléphone à 5 heures.
   c Je veux téléphoner à 5 heures.

4. ... eine Nachricht hinterlassen möchten?
   a C'est moi.
   b C'est pour un message.
   c Je peux laisser un message?

Sabine ruft bei der Agentur an. Sie möchte Denis sprechen. Setzen Sie die Sätze in die richtige Reihenfolge:

Übung 2

1. Un instant, je vous le passe.
2. Allô. Agence Charrain, bonjour.
3. C'est à quel sujet?
4. Ça va, mais je ne peux pas venir à 8 heures.
5. Allô, ici Sabine Dietz, je voudrais parler à Monsieur Moisson.
6. C'est pour un rendez-vous.
7. Ah c'est toi, bonjour Sabine, ça va?
8. Je peux venir à 9 heures?
9. Pas de problème, rendez-vous à 9 heures.

Tragen Sie die Zahl der départements als Ziffer in die mittlere Spalte ein:

Übung 3

a zéro six	...	Alpes-Maritimes
b treize	...	Bouches-du-Rhône
c trente et un	...	Haute Garonne
d trente-trois	...	Gironde
e trente-quatre	...	Hérault
f trente-huit	...	Isère
g quarante-quatre	...	Loire-Atlantique

h	cinquante et un	...	Marne
i	cinquante-quatre	...	Meurthe et Moselle
j	soixante-sept	...	Bas-Rhin
k	soixante-neuf	...	Rhône
l	quatre-vingt-quatre	...	Vaucluse

Übung 4

Verbinden Sie folgende bekannte Städte mit ihrer Départementnummer (mit oder ohne Frankreichkarte!):

1. Marseille	**a** 84
2. Lyon	**b** 69
3. Toulouse	**c** 67
4. Nancy	**d** 54
5. Nice	**e** 51
6. Avignon	**f** 44
7. Reims	**g** 38
8. Strasbourg	**h** 34
9. Grenoble	**i** 33
10. Bordeaux	**j** 31
11. Montpellier	**k** 13
12. Nantes	**l** 06

Das Futur (futur simple) der Verben auf -er

chercher (suchen)

je cherche**rai**	nous cherche**rons**
tu cherche**ras**	vous cherche**rez**
il / elle cherche**ra**	ils / elles cherche**ront**

■ Merke:
Das **futur simple** der regelmäßigen Verben auf **-er** wird gebildet, indem man an die 1. Person Singular Präsens *(je cherche)* folgende Endungen anfügt:
-rai, -ras, -ra, -rons, -rez, -ront.

Übung, Grammatik   Lektion 15

Setzen Sie die Verben ins Futur:

Übung 5

1. Elle (chercher) .... du travail à Berlin.

2. Nous (donner) .... notre adresse à Sabine.

3. Vous (parler) .... demain à Monsieur Charrain.

4. Tu (aimer) .... ce film.

5. Je (téléphoner) .... la semaine prochaine.

Das Futur von être, avoir, aller

être	avoir	aller
je serai	j'aurai	j'irai
tu seras	tu auras	tu iras
il / elle sera	il / elle aura	il / elle ira
nous serons	nous aurons	nous irons
vous serez	vous aurez	vous irez
ils / elles seront	ils / elles auront	ils / elles iront

Setzen Sie die Sätze ins Futur:

Übung 6

Je ne suis pas là demain (morgen).

....

Madame Dietz téléphone à 8 heures.

....

Vous lui laissez un message.

....

J'ai le temps de la rencontrer la semaine prochaine (nächste Woche).

.... ▶

CENT-QUARANTE-SEPT   147

Lektion 15 — Übung, Wortschatz

Je vais à Lyon vendredi. Nous allons voir un client.

....

Übung 7

Übersetzen Sie:

Ich kann Herrn Charrain nicht stören. Er ist in einer Sitzung. Bitte hinterlassen Sie mir Ihre Telefonnummer. Er wird Sie um 6 Uhr zurückrufen.

....
....
....

Übung 8

Welches Wort passt nicht in die Reihe? Kreuzen Sie es an:

☐ le directeur   ☐ le client   ☐ la secrétaire

☐ déranger   ☐ téléphoner   ☐ rappeler

☐ la rencontre   ☐ le rendez-vous   ☐ la société

☐ le numéro   ☐ la ligne   ☐ le voyage d'affaires

Wortschatz

agence de communication *f*	Werbeagentur
c'est à quel sujet?	worum geht es?
c'est exact	das stimmt
C.V. (cévé) *m* **curriculum vitae**	Lebenslauf (Curriculum Vitae)
condition *f*	Bedingung
couramment	fließend
court	kurz
déranger	stören
directeur *m*	Direktor, Leiter
discuter de	über etwas reden
expérience *f*	Erfahrung
je voudrais	ich hätte gern
laisser	hinterlassen / lassen
message *m*	Nachricht
numéro de téléphone *m*	Telefonnummer
parler à	sprechen mit
poser sa candidature	sich bewerben
professionnel	Berufs…
raconter	erzählen

▶

Wortschatz, Landeskunde — Lektion 15

rappeler	zurückrufen	**stage** *m*	Praktikum
rencontrer	kennen lernen	**stagiaire** *m f*	Praktikant(in)
réunion *f*	Sitzung		
rien de prévu	nichts vorhaben	**vous êtes libre?**	Haben Sie Zeit?

Telefonieren in Frankreich

Möchten Sie von Frankreich aus nach Deutschland anrufen, wählen Sie zunächst **19 49** und dann die Vorwahlnummer (Ortsnetzkennzahl) ohne die Null und die Nummer des Teilnehmers. Die französische Telefonkarte heißt **télécarte,** sie ist am Schalter der **poste / PTT** (Post) oder in einem **bureau de tabac** (Tabakladen) erhältlich. In den achtstelligen französischen Rufnummern ist die Vorwahl der Stadt oder des **département** schon enthalten.

Die französischen Rufnummern haben zehn Ziffern. Die zwei ersten Ziffern geben eine der fünf Telefonzonen an und stehen vor den bisherigen achtstelligen Nummern. Diese fünf Zonen haben folgende Vorwahlnummern:
– 01: Paris/Ile de France
– 02: Nord-Ouest
– 03: Nord-Est
– 04: Sud-Est et Corse
– 05: Sud-Ouest

Test 3

1 Entscheiden Sie sich für eine der beiden Lösungen. Springen Sie dann zu dem durch die Nummer bezeichneten Feld.

2 Un billet ... Lil s.v.p.!

pour ⇨ 8
à ⇨ 15

6 Falsch!

Wieder zurück zu Nummer 8.

7 Falsch!

Wieder zurück zu Nummer 4.

11 Falsch!

Wieder zurück zu Nummer 29.

12 Sehr gut, weiter:
Vous arrivez quand?

le 2 avril ⇨ 16
2 avril ⇨ 24

16 Gut, weiter:
Le train ... parti.

est ⇨ 22
a ⇨ 18

17 Falsch!

Wieder zurück zu Nummer 22.

21 Falsch!

Wieder zurück zu Nummer 13.

22 Richtig!
Voilà ... adress

ma ⇨ 17
mon ⇨ 19

26 Falsch!

Wieder zurück zu Nummer 30.

27 Gut, weiter:
Vous ... où?

partent ⇨ 23
partez ⇨ 12

3 Falsch! Wieder zurück zu Nummer 5.	**4** Gut weiter: Où est … billet? mon ⇨ 20 ma ⇨ 7	**5** Richtig, weiter: Le train part .. 5 h. pour ⇨ 3 à ⇨ 13
? Richtig, weiter: … allez-vous? quand ⇨ 6 comment ⇨ 25	**9** Falsch! Wieder zurück zu Nummer 25.	**10** Falsch! Wieder zurück zu Nummer 14.
13 Richtig! Weiter: On part au mois … juin. à ⇨ 21 de ⇨ 29	**14** Sehr gut, weiter: Il … à Lyon mardi. iras ⇨ 10 ira ⇨ 30	**15** Falsch! Wieder zurück zu Nummer 2.
18 Falsch! Wieder zurück zu Nummer 16.	**19** Richtig! Ende der Übung	**20** Prima, weiter: Il fume moins … moi. que ⇨ 5 comme ⇨ 28
23 Falsch! Wieder zurück zu Nummer 27.	**24** Falsch! Wieder zurück zu Nummer 12.	**25** Sehr gut, weiter: Je travaille … 8 jours. depuis ⇨ 14 pour ⇨ 9
28 Falsch! Wieder zurück zu Nummer 20.	**29** Prima, weiter: J'ai réservé du 2 … 4 mai. au ⇨ 27 à ⇨ 11	**30** Richtig, weiter: Le car s'arrête … la gare. devant ⇨ 4 avant ⇨ 26

LEKTION 16

C.V. pour le stage

Sabine: J'ai rendez-vous demain à l'agence. Je dois faire un C.V. en français. Vous pourriez corriger ce que j'ai préparé?

Caroline: Bien sûr, montre-moi ce que tu as fait.

Caroline lit le C.V.

Caroline: Tu as oublié: allemand langue maternelle, célibataire. Pour l'ordinateur: indique avec quels programmes tu as déjà travaillé. Tu pourrais préciser que tu as fait un bac, série économie, et dire en plus où tu as fait ta formation de secrétaire.

Sabine: Je ne sais pas si je dois mettre tous les stages que j'ai faits avant de commencer à travailler.

Caroline: Il faut que tu mentionnes tous les stages où tu as fait un travail de secrétariat. A la place d'anglais courant, je mettrais: bonne maîtrise de l'anglais parlé et écrit.

Sabine: Mon certificat de travail est en allemand. Je dois le joindre quand même à mon C.V.?

Caroline: Ça fait partie d'un dossier de candidature.

Sabine: Je dois rendre un C.V. manuscrit?

Caroline: Non, tu peux le taper sur ordinateur, c'est plus lisible!

CURRICULUM VITAE

ÉTAT CIVIL
NOM: Dietz
PRÉNOM: Sabine
NÉ(E) LE: 11.11.1972
SITUATION DE FAMILLE: Célibataire
NATIONALITÉ: Allemande

FORMATION
ÉTUDES: Bac Série Économie
École de Secrétariat
LANGUES: Bonne maîtrise de l'anglais parlé et écrit
Français (lu et parlé)
STAGES: Agence de publicité Williams, Londres, janvier-juin 1994

Dialog Lektion 16

Lebenslauf für das Praktikum

Sabine: Ich habe morgen einen Termin bei der Agentur. Ich muss einen Lebenslauf auf Französisch schreiben. Könnten Sie korrigieren, was ich geschrieben habe.
Caroline: Sicher, zeig' mir, was du gemacht hast.
Caroline liest den Lebenslauf.
Caroline: Du hast vergessen zu schreiben: Muttersprache Deutsch und ledig. Zum Thema Computer: Gib an, mit welchen Programmen du schon gearbeitet hast. Du könntest darauf hinweisen, dass du ein Fachabitur für Wirtschaftswesen hast und außerdem sagen, wo du deine Sekretärinnenausbildung gemacht hast.
Sabine: Ich weiß nicht, ob ich alle Praktika angeben soll, die ich gemacht habe, bevor ich angefangen habe zu arbeiten.
Caroline: Du musst alle Praktika angeben, die mit Sekretariat zu tun haben. Statt Englisch fließend würde ich schreiben: sehr gute Englischkenntnisse in Wort und Schrift.
Sabine: Mein Arbeitszeugnis ist auf Deutsch. Soll ich es trotzdem dem Lebenslauf beilegen?
Caroline: Das gehört zu einem Bewerbungsschreiben.
Sabine: Muss ich einen handschriftlichen Lebenslauf abgeben?
Caroline: Nein, du kannst ihn auf dem Computer schreiben, das kann man besser lesen!

Der Begleiter tout

tout le mois *(m)*	der ganze Monat
toute la semaine *(f)*	die ganze Woche
tout le voyage	die ganze Reise
toute la ville	die ganze Stadt
tout un stage	ein ganzes Praktikum
toute une année	ein ganzes Jahr
tous les billets *(m pl)*	alle Fahrkarten
toutes les places *(f pl)*	alle Plätze
tous ces touristes	alle diese Touristen
tout mon argent	mein ganzes Geld

▶

Lektion 16 — Grammatik, Übung

> **tout** kann Begleiter des Substantivs sein und richtet sich dann in Geschlecht und Zahl nach dem Substantiv, auf das es sich bezieht. Normalerweise steht **tout** vor einem anderen Begleiter (Artikel, Demonstrativ- oder Possessivpronomen) und wird dann mit **le / la / les** oder **un / une / ce / mon** usw. kombiniert. Im Singular bedeutet **tout / toute** »ganz«, im Plural **tous, toutes** »alle«.

Übung 1

Setzen Sie die richtige Form von *tout* ein:

1. J'ai travaillé .... la journée (den ganzen Tag).
2. J'ai lu .... les dossiers de candidature.
3. J'ai téléphoné à .... les candidats.
4. J'ai des rendez-vous .... le mois de mai.
5. J'ai lu .... les annonces.

Der Fragebegleiter quel

Singular

maskulin
quel
quel hôtel?
welches Hotel?

feminin
quelle
quelle agence?
welche Agentur?

Plural

quels
quels stages?
welche Praktika?

quelles
quelles chambres?
welche Zimmer?

quel stimmt in Geschlecht und Zahl mit seinem Bezugswort überein.

Übung, Grammatik Lektion 16

■ Merke:
Quelle heure est-il? Wie spät ist es?
Quel âge a-t-il / a-t-elle? Wie alt ist er / sie?
J'ai réservé une chambre. Oui, **à quel nom?**
Ich habe ein Zimmer reserviert. Ja, auf welchen Namen?

Stellen Sie Fragen mit **quel, quelle, quels** oder **quelles** nach dem Muster:

Tu connais ce film? **Quel film?**

Übung 2

1. Tu connais cette ville? ....
2. Je fais un stage. ....
3. Tu as l'adresse *(f)*? ....
4. Tu me donnes un journal? ....
5. J'ai des problèmes *(m pl)*. ....
6. Je cherche les clés (Schlüssel, *f pl*). ....
7. N'oublie pas ton rendez-vous! ....
8. Tu as lu l'annonce *(f)*? ....

Das Verb mettre

Je dois mettre tous les stages?
Muss ich alle Praktika angeben?

mettre ist ein Verb mit mehreren Bedeutungen. Es hat die **Grundbedeutung** von **hinstellen, legen, setzen**, z.B. **mettre les clés sur la table**, die Schlüssel auf den Tisch legen. In Verbindung mit Kleidungsstücken hat es die Bedeutung von **anziehen**, z. B. **mettre son monteau.**

Lektion 16   Grammatik, Übung

> Präsens:
> **je mets**   **nous mettons**
> **tu mets**   **vous mettez**
> **il / elle met**   **ils / elles mettent**
>
> Perfekt:
> **j'ai mis**

Übung 3

Setzen Sie die Präsensformen von *mettre* ein:

1. Qu'est-ce tu (mettre) .... aujourd'hui?

2. Je (mettre) .... une jupe et un pull.

3. Elle (mettre) .... les bagages dans la voiture.

4. Vous (mettre) .... une annonce dans le journal?

5. Ils (mettre) .... les dossiers sur le bureau.

Übung 4

Setzen Sie *tout, toute, tous* oder *toutes* nach folgendem Muster ein:

.... *les matins: jogging à 7 heures.* **Tous les matins: jogging à 7 heures.**

1. .... les après-midi: visites guidées de la région.

2. .... les soirs: cinéma et discothèque.

3. .... les semaines: invitations dans une famille française.

4. Notre club est ouvert .... l'année.

5. .... les étudiants et .... les étudiantes sont invités au club.

Übung, Wortschatz — Lektion 16

6. A la cafétéria, ... les repas sont service compris.

7. A l'Alliance française .... les professeurs ont le français comme langue maternelle.

8. Dans notre école les étudiants sont de .... les nationalités.

9. .... les stages d'informatique sont en anglais.

10. Elle a fait .... son travail en quatre heures.

11. L'agence répond à .... les candidatures.

12. Mentionnez .... les langues que vous parlez.

Übersetzen Sie:

Übung 5

Ich habe morgen um 9 Uhr einen Termin in der Agentur. Ich muss einen Lebenslauf auf Französisch schreiben. Ich schreibe ihn auf dem Computer, das kann man besser lesen. Ich habe viele Praktika im Ausland (à l'étranger) gemacht.

....
....
....
....

Wortschatz

à la place de	statt	commencer	anfangen
avant de	bevor	(à + Infinitiv)	(etwas zu tun)
bac *m*	Abitur		
bac série économie	Fachabitur für Wirtschaftswesen	corriger	korrigieren
		courant	fließend
		déjà	schon
bonne maîtrise de ...	sehr gute -kenntnisse	dire	sagen
		écrit (écrire)	geschrieben
ce que	was (Relativpronomen)	en français	auf Französisch
célibataire	ledig	faire partie de	zu etw. gehören
certificat de travail *m*	Arbeitszeugnis	demain	morgen

CENT-CINQUANTE-SEPT **157**

Lektion 16 — Wortschatz

il faut que tu ...	du musst	**parlé et écrit**	in Wort und Schrift
je mettrais	ich würde schreiben	**préciser**	erwähnen
joindre	hinzufügen, beifügen	**programme** *m*	Programm
		quand même	trotzdem
langue maternelle *m*	Muttersprache	**rendre**	abgeben
		si	ob / falls / wenn
lisible	besser zu lesen / leserlich	**taper sur ordinateur**	mit dem Computer schreiben
manuscrit	handgeschrieben	**tous**	alle
mentionner	erwähnen	**tu pourrais (pouvoir)**	du könntest
mettre	hier: angeben		
montrer à	zeigen	**vous pourriez (pouvoir)**	Sie könnten
ordinateur *m*	Computer		
oublier	vergessen		

Zusatzwortschatz

divorce *m*	Scheidung	**marié(e)**	verheiratet
divorcé(e)	geschieden	**nationalité** *f*	Staatsangehörigkeit
état civil *m*	Personenstand	**né(e)**	geboren
études *f pl*	Studium	**situation de famille** *f*	Familienstand
femme *f*	Frau, Ehefrau		
mari *m*	Ehemann	**veuf, veuve**	verwitwet
mariage *m*	Ehe		

Premier jour à l'agence

LEKTION 17

Secrétaire: Bonjour, Mademoiselle. Suivez-moi, je vais vous montrer votre bureau et vous présenter...
Denis, je vous présente notre nouvelle stagiaire, Sabine Dietz. Denis vous parlera en détail de l'organisation de notre agence. Voilà, je vous laisse. Si vous avez des questions, je suis à votre disposition.

Denis: Félicitations Sabine pour le stage! Notre agence est petite mais très dynamique. Nous avons des clients dans toute l'Europe. La moyenne d'âge est jeune, l'ambiance décontractée, tout le monde se tutoie ici.

Sabine: Alors je vais en faire autant. Dis-moi, qu'est-ce que j'aurai à faire?

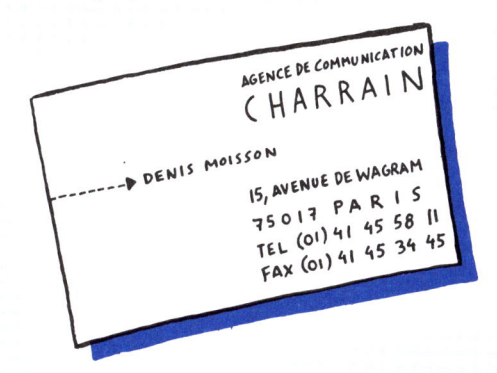

```
                AGENCE DE COMMUNICATION
                    CHARRAIN
   DENIS MOISSON
                15, AVENUE DE WAGRAM
                  75017  PARIS
                TEL (01) 41 45 58 11
                FAX (01) 41 45 34 45
```

Denis: Tu seras mon assistante. Nous organiserons ensemble les voyages d'affaires, les rencontres professionnelles avec nos clients étrangers.

Sabine: Montre-moi le calendrier des prochaines rencontres!

> *Denis:* On ira à Cannes au mois de juin pour le festival international du Film Publicitaire. Pour nous, c'est l'événement le plus important de l'année!
> *Sabine:* Super! Ce sera la première fois que j'irai sur la Côte!

Der erste Tag in der Agentur

Sekretärin: Guten Tag! Kommen Sie mit, ich werde Ihnen Ihr Büro zeigen und Sie den Kollegen vorstellen.
Denis, ich stelle Ihnen unsere neue Praktikantin vor, Sabine Dietz. Denis wird Sie im Einzelnen über den Aufbau unserer Agentur informieren. Ich lasse sie jetzt allein. Wenn Sie Fragen haben, stehe ich Ihnen zur Verfügung.

Denis: Glückwunsch zum Praktikum, Sabine! Unsere Agentur ist klein, aber dynamisch. Wir haben Kunden in ganz Europa. Die Leute hier sind alle noch jung, die Atmosphäre ist entspannt, alle duzen sich.

Sabine: Dann werde ich es genauso machen. Sag mir, was werde ich zu tun haben?

Denis: Du bist meine Assistentin. Wir werden gemeinsam die Geschäftsreisen und die Geschäftskontakte mit unseren ausländischen Kunden organisieren.

Sabine: Zeig mir den Terminkalender für die nächsten Treffen!

Denis: Im Juni werden wir nach Cannes zu den Internationalen Werbefilmtagen fahren. Für uns ist das das wichtigste Ereignis des Jahres!

Sabine: Toll! Das ist das erste Mal, dass ich an die Côte d'Azur fahre!

Grammatik, Übung   Lektion 17

Nahe Zukunftsform (futur proche): aller + Infinitiv

*Je **vais montrer** son bureau à Sabine.* Ich werde Sabine ihr Büro zeigen.

Diese **zusammengesetzte Zukunftsform *(futur proche)*** wird aus dem **Präsens** von ***aller*** (gehen) und dem **Infinitiv eines Verbs** gebildet. Das ***futur proche*** drückt eine unmittelbare Zukunft oder eine Absicht aus.

*Je **vais téléphoner** dans une heure.*   Ich werde in einer Stunde anrufen.
*Tu **vas téléphoner** à Florent?*
*Il / elle / on **va téléphoner** à Cannes.*
*Nous **allons téléphoner** à 8 heures.*
*Vous **allez téléphoner** à Londres?*
*Ils / elles **vont téléphoner** à l'agence.*

■ Merke:
Die Verneinungsformen ***ne ... pas*** (nicht), ***ne ... plus*** (nicht mehr) usw. umschließen die konjugierte Form des Verbs ***aller***.

*Je **ne vais pas** téléphoner.*   Ich werde nicht anrufen.
*Tu **ne vas plus** téléphoner à Florent.*   Du wirst Florent nicht mehr anrufen.
*Il **ne va pas** réparer la voiture.*   Er wird den Wagen nicht reparieren.

Setzen Sie das *futur proche* nach folgendem Muster ein:

*J'ai travaillé dans une agence. Je (travailler) ... **Je vais travailler dans une agence.***

Übung 1

1. Il a été (gewesen) directeur. Il (être)

....

2. Elle a organisé la réunion (Treffen). Elle (organiser)

....   ▶

3. J'ai mangé un steak au poivre. Je (manger)

....

4. Denis a invité Sabine. Denis (inviter)

....

5. Nous avons fait du ski. Nous (faire du ski)

....

6. J'ai acheté les billets. Je (acheter)

....

7. Le car pour Chamrousse est parti. Le car pour Chamrousse (partir)

....

8. On a pris (genommen) un forfait. On (prendre)

....

> ### *Vergleich zwischen beiden Zukunftsformen*
>
> Es gibt im Französischen zwei Zukunftsformen, **futur simple** (vgl. Lektion 15) und **futur proche.**
> Das **futur simple,** z.B. ***j'irai*** *à Londres l'année prochaine* (ich werde nächstes Jahr nach London fahren), bezeichnet eher eine feste Absicht des Sprechenden, der genaue Zeitpunkt steht noch nicht fest.
> Das **futur proche** (nahe Zukunftsform), z.B. ***je vais faire*** *un stage le mois prochain* (nächsten Monat mache ich ein Praktikum), bezieht sich oft auf einen präzisen Zeitpunkt. Das **futur proche** wird meist auf Deutsch mit einem **Präsens** wiedergegeben, z.B. *Tu pars quand?* ***Je vais partir*** *demain matin à 7 heures.* Wann fährst du weg? Ich fahre morgen früh um 7 Uhr.

Übung — Lektion 17

Setzen Sie das *futur simple* (vgl. Lektion 15) ein:

1. Denis (parler) .... de l'organisation de l'agence.

2. Il (montrer) .... son bureau à Sabine.

3. Sabine (avoir) .... un collègue sympathique.

4. Denis (être) .... souvent en voyage d'affaires.

5. Ils (aller) .... ensemble à Cannes.

6. Ils (rencontrer) .... des clients.

7. Sabine (aller) .... pour la première fois sur la Côte.

8. Denis et Sabine (prendre) .... le train pour aller à Cannes.

Übersetzen Sie:

Ich arbeite in einer Werbeagentur. Die Agentur ist klein, aber dynamisch. Das Durchschnittsalter ist jung, die Atmosphäre entspannt. Wir haben Kunden in ganz Europa. In Juni werden wir nach Cannes fahren.

....
....
....
....

Ein Wort passt nicht in die Reihe. Kreuzen Sie es an:

☐ jeune	☐ dynamique	☐ facile	☐ faire
☐ affaires	☐ questions	☐ clients	☐ son
☐ sommes	☐ serons	☐ serai	☐ seras
☐ auront	☐ aurai	☐ aurez	☐ avez
☐ irons	☐ allons	☐ irai	☐ ira

Wortschatz

affaires *f pl*	Geschäfte
ambiance *f*	Atmosphäre / Stimmung
assistante *f*	Assistentin
autant	genauso
avoir à faire	zu tun haben
bureau *m*	Büro
calendrier *m*	Terminkalender
client *m*	Kunde
décontracté	entspannt / locker
dynamique	dynamisch
en détail	im Einzelnen
ensemble	gemeinsam
étranger	ausländisch
étranger *m*	Ausland
être à la disposition de	zur Verfügung stehen
événement *m*	Ereignis
Félicitations! *f pl* (pour)	Glückwunsch! (zu)
festival du film publicitaire	Werbefilmtage
film *m*	Film
fois *f*	Mal
premier	erster
ici	hier
important	wichtig
jeune	jung
la Côte d'Azur	Côte d'Azur
laisser	(allein) lassen
moyenne d'âge *f*	Durchschnittsalter
nouvel	neu
organisation *f*	Aufbau
organiser	organisieren
prochain	nächster
professionnel	Berufs- / Geschäfts-
rencontre professionnelle *f*	Geschäftskontakte
publicitaire	Werbe-
publicité *f*	Werbung
question *f*	Frage
suivre (suivez)	mitkommen / folgen
tout le monde	alle
très	sehr
voyage d'affaires *m*	Geschäftsreise

Am Arbeitsplatz

Die Franzosen – vor allem die junge Generation – duzen sich am Arbeitsplatz. In diesem Fall sind die Leute ungefähr gleichaltrig und arbeiten auf der gleichen Ebene. Eine Sekretärin (oder Assistentin) wird oft von ihrem Chef mit Sie *(vous)* und Vornamen angeredet.

Soirée collègues

A l'agence.
Denis: Dis donc, si on allait à un concert samedi prochain?
Sabine: Oui, quel concert?
Denis: Tu connais Patricia Kaas? Elle passe au »Zénith«.
Sabine: Super! Il paraît qu'elle est géniale sur scène. Elle a une voix extraordinaire.
Denis: Il faut acheter les billets à l'avance.
Sabine: Moi, j'ai le temps d'y aller demain. Tu as une idée du prix des places?
Denis: Entre 18 et 50 € je pense.
Au »Zénith«. A la fin du concert, applaudissements, un spectateur (Abel) s'approche de Sabine.
Abel: Ça vous a plu?
Sabine: Oui, beaucoup, et vous?
Abel: C'était génial! Excusez-moi, mais on ne vous a jamais dit que vous ressemblez un peu à Patricia Kaas? Vous avez la même coupe de cheveux, et le même regard qu'elle.

Sabine: Vous exagérez! C'est la première fois qu'on me dit ça!
Abel: En plus, vous avez l'accent belge!
Sabine: Non, non, vous vous trompez! Je suis allemande et vous, vous êtes algérien?
Abel: Non, je suis français enfin... beur, si vous préférez. On pourrait prendre un pot ensemble?
Sabine: Désolée, je suis avec des amis. On finit la soirée aux »Bains«. Viens avec nous, si tu veux!
Abel: Ben, ouais, pourquoi pas! Ça t'ennuie si je te tutoie aussi?
Sabine: Pas du tout!

Ein Abend mit den Kollegen

In der Agentur.
Denis: Sag mal, was hältst du davon, wenn wir nächsten Samstag zusammen ins Konzert gehen?
Sabine: Ja gern! In welches Konzert?
Denis: Kennst du Patricia Kaas? Sie tritt im »Zénith« auf.
Sabine: Super! Sie soll toll auf der Bühne sein. Sie hat eine großartige Stimme.
Denis: Man muss die Karten im Vorverkauf besorgen.
Sabine: Ich habe morgen Zeit vorbeizugehen. Hast du eine Ahnung von den Kartenpreisen?
Denis: Zwischen 18 und 50 Euro, denke ich.
Im »Zénith«. Am Ende des Konzerts, Beifall, ein Zuschauer (Abel) kommt auf Sabine zu.
Abel: Hat es Ihnen gefallen?
Sabine: Ja sehr. Und Ihnen?
Abel: Einfach toll! Entschuldigen Sie, aber hat Ihnen nie jemand gesagt, dass Sie ein wenig Ähnlichkeit mit Patricia Kaas haben? Sie haben den gleichen Haarschnitt und den gleichen Blick wie sie.
Sabine: Sie übertreiben! Das ist das erste Mal, dass mir das jemand sagt.

Abel:	Außerdem haben Sie einen belgischen Akzent.
Sabine:	Nein, nein, da irren Sie sich! Ich bin Deutsche und Sie, sind Sie Algerier?
Abel:	Nein, ich bin Franzose, na ja ... Beur*, wenn Sie so wollen. Wollen wir zusammen etwas trinken gehen?
Sabine:	Es tut mir Leid, ich bin mit Freunden hier. Wir gehen nachher noch in die Disco »Les Bains«. Komm doch mit, wenn du willst!
Abel:	Na gut, warum nicht! Macht es dir etwas aus, wenn ich dich auch duze?
Sabine:	Überhaupt nicht.

* als Beur bezeichnen sich die Nachkommen der nordafrikanischen Einwanderer (Mahgreb-Staaten) in Frankreich.

Imperfekt der Verben auf -er und être

C'était génial! Das war toll!
Elle cherchait du travail. Sie suchte Arbeit.

Zur Bildung des Imperfekts **(imparfait)** werden an den Stamm der 1. Person Plural Präsens folgende Endungen angehängt: **- ais, - ais, - ait, -ions, -iez, -aient.**

Verben auf **-er: chercher** (suchen)

je cherchais	**nous cherchions**
tu cherchais	**vous cherchiez**
il / elle / on cherchait	**ils / elles cherchaient**

être
j'étais (ich war)	**nous étions**
tu étais	**vous étiez**
il / elle / on était	**ils / elles étaient**

Das Imperfekt wird gebraucht, um einen Zustand oder eine Gewohnheit zu beschreiben oder um sich wiederholende Vorgänge zu bezeichnen. Der Gebrauch des Perfekt **(passé composé)** und des Imperfekt **(imparfait)** ist im Französischen und im Deutschen verschieden.

Lektion 18 — Übung, Grammatik

Übung 1

Setzen Sie die Imperfektformen ein:

1. En 1985 je (être) .... à Rome.

2. Il (arriver) .... toujours (immer) à huit heures.

3. Nous (inviter) .... souvent (oft) Sabine au restaurant.

4. Vous (parler) .... souvent de vos voyages à l'étranger.

5. Tu (téléphoner) .... tous les jours à Michel.

6. La secrétaire (être) .... malade hier (gestern).

7. On (accompagner) .... toujours Julie à la maternelle.

8. Je (aimer) .... faire du ski.

Vorschläge machen

Si on allait au cinéma? Sollen wir ins Kino gehen?
On pourrait aller au cinéma! Wir könnten ins Kino gehen!

Sie können einen Vorschlag mit **si + imparfait** ausdrücken: *Si on allait au cinéma?* oder mit dem **Konditional** (siehe Lektion 26) + **Infinitiv**: *On pourrait aller au cinéma!*

Übung 2

Machen Sie Vorschläge nach dem Muster:

Si on (aller) au cinéma? **Si on allait au cinéma?**

1. Si on (partir) en vacances en Espagne?

....

2. Si on (prendre) le TGV pour Lyon?

....

3. Si on (faire) des crêpes?

....

4. Si on (téléphoner) à Abel?

....

5. Si on (louer) une voiture?

....

6. Si on (acheter) le Figaro?

....

7. Si on (inviter) Sabine dimanche?

....

8. Si on (discuter) de ta candidature?

....

Das Verb dire (sagen)

Präsens

je dis	*nous disons*
tu dis	*vous dites*
il / elle dit	*ils / elles disent*

Futur

je dirais	*nous dirons*
tu diras	*vous direz*
il / elle dira	*ils / elles diront*

Perfekt

j'ai dit	*tu as dit usw.*

Imperfekt

je disais	*nous disions*
tu disais	*vous disiez*
il / elle disait	*ils / elles disaient*

Lektion 18　　　　　　　　　　　　　　　　　　　　　　　Übung

Übung 3

Setzen Sie die Präsensformen von *dire* ein:

Abel (dire) .... que Sabine ressemble à Patricia Kaas. Les amis de Sabine (dire) .... qu'ils vont finir la soirée dans une disco. Qu'est-ce que vous (dire) .... ? Je (dire) .... que c'est la première fois que je vais à un concert au Zénith.

Übung 4

Verbinden Sie die Fragen und die Antworten:

1. Vous êtes belge?　　　　　　**a** C'était génial!
2. Ça vous a plu?　　　　　　　**b** Non, je suis allemande.
3. On pourrait prendre un pot?　**c** Vous exagérez!
4. Vous ressemblez à　　　　　**d** Désolée, je suis avec des
   Patricia Kaas!　　　　　　　　amis.

Übung 5

Setzen Sie die Sätze in die richtige Reihenfolge:

1. Sabine est allée au concert avec Denis.
2. Elle a rencontré Abel à la fin du concert.
3. Samedi, Patricia Kaas passait au Zénith.
4. Abel a demandé à Sabine si elle était belge.
5. Sabine, Denis et Abel sont allés tous les trois aux »Bains« après le concert.
6. Sabine a dit qu'elle était allemande.
7. Le concert a beaucoup plu à Sabine et à Abel.
8. Abel a dit à Sabine qu'elle ressemblait un peu à Patricia Kaas.
9. C'est Sabine qui a acheté les billets de concert.
10. Denis a proposé (vorgeschlagen) à Sabine d'aller à ce concert.

Übung, Wortschatz Lektion 18

Wer war das? Setzen Sie die folgenden Angaben in Verbindung nach dem Muster:

John Kennedy   Etats-Unis   président
John Kennedy, c'était un président américain.

1. John Lennon	Angleterre	musicien
2. Leonardo da Vinci	Italie	peintre
3. Greta Garbo	Suède	actrice
4. Einstein	Allemagne	physicien
5. Hiro-Hito	Japon	empereur
6. Jean Gabin	France	acteur
7. Agatha Christie	Angleterre	romancière
8. Vasco da Gama	Portugal	navigateur

Übung 6

Ein Wort passt nicht in die Reihe. Kreuzen Sie es an:

☐ super	☐ génial	☐ oui	☐ extraordinaire
☐ concert	☐ plu	☐ scène	☐ billet
☐ désolé	☐ belge	☐ beur	☐ étranger
☐ demain	☐ aujourd'hui	☐ hier	☐ si
☐ tu	☐ moi	☐ mois	☐ te

Übung 7

à l'avance	im Voraus
accent *m*	Akzent
acheter	kaufen
algérien	aus Algerien
aussi	auch
avoir une idée de	eine Ahnung von etwas haben
belge	aus Belgien
ben, ouais!	Na gut!
billet *m*	Karte
ça t'ennuie (ennuyer) si …	macht es dir etwas aus, wenn…
collègue *m / f*	Kollege / in
concert *m*	Konzert
coupe de cheveux	Haarschnitt
dit (dire)	gesagt
ensemble	zusammen ▶

Wortschatz

Lektion 18 Wortschatz, Landeskunde

entre	zwischen	pourquoi pas	warum nicht
exagérer	übertreiben	prendre un pot	etwas trinken (gehen)
extraordinaire	großartig		
fin *f*	Ende	regard *m*	Blick
soirée *f*	Abend	ressembler à	Ähnlichkeit haben mit
génial	toll / genial		
hier	gestern	s'approcher de	zukommen auf
»le Zénith«	Pariser Konzerthalle (vor allem Rockmusik)	se tromper	sich irren
		spectateur *m*	Zuschauer
		super	super
même	der-, die-, dasselbe	toujours	immer
		tutoyer (tutoie)	duzen
pas du tout	gar nicht	un peu	ein bisschen
passer	auftreten	voix *f*	Stimme
plu (plaire)	gefallen		

Ausgehen in Paris

»*Pariscope*« und »*l'Officiel des spectacles*« sind zwei unentbehrliche kleine Broschüren, die Sie an jedem Pariser Zeitungskiosk kaufen können. Sie vermitteln aktuelle ausführliche Informationen über die Kulturszene: Theater, Kino, Konzert, Ausstellungen usw. mit Adressen, Vorstellungszeiten, U-Bahn-Verbindungen. Sie enthalten auch Listen von Restaurants und Cafés.

Qu'est-ce qu'on fait ce soir?

LEKTION 19

Chez Denis. C'est son anniversaire. Sabine et Miko lui ont apporté des fleurs et un cadeau.

Sabine:	Joyeux anniversaire, Denis!
Miko:	Bon anniversaire, tiens, c'est pour toi!
Denis:	N'oubliez pas, d'abord la bise et après le cadeau! C'est la première fois qu'on m'offre d'aussi belles fleurs, des tulipes rouges, j'adore! Et ça, qu'est-ce que c'est?
Miko:	Ouvre, tu verras bien! Si tu l'as déjà, on peut l'échanger.
Denis:	Le dernier disque compact de Véronique Sanson, j'ai failli me l'acheter hier, génial!
Sabine:	On voulait t'inviter dans un resto japonais. Ça te va?
Denis:	On va commencer par un verre de champagne pour fêter mon anniversaire. J'avais pensé vous emmener aux »Bouffes du

Lektion 19 — Dialog

	Nord«, c'est superbe comme théâtre, je m'y suis pris trop tard, ce soir, c'est complet.
Miko:	Ce sera pour une autre fois! Ça ne te dit rien, le resto japonais?
Denis:	Si, je veux bien, mais après le resto, on pourrait aller retrouver mes copains dans un club de jazz, »le New Morning«.
Sabine:	Et si on allait danser dans une boîte africaine?
Denis:	La nuit sera longue, on peut toujours commencer par »le New Morning« et après on verra.
Miko:	Je vois que c'est la grande forme!
Denis:	On n'a pas 25 ans tous les jours, allons-y, mais c'est moi qui vous invite au resto!

Was machen wir heute Abend?

Bei Denis. Er hat Geburtstag. Sabine und Miko haben ihm Blumen und ein Geschenk mitgebracht.

Sabine:	Herzlichen Glückwunsch zum Geburtstag, Denis!
Miko:	Alles Gute zum Geburtstag, hier, das ist für dich!
Denis:	Vergesst nicht, zuerst das Küsschen, dann das Geschenk! Das ist das erste Mal, dass ich so schöne Blumen bekomme, ich liebe rote Tulpen! Und was ist das?
Miko:	Mach es auf, dann siehst du's! Wenn du es schon hast, können wir es umtauschen.
Denis:	Die neueste CD von Véronique Sanson, die hätte ich mir beinahe gestern gekauft, super!
Sabine:	Wir wollten dich in ein japanisches Restaurant einladen. Wie findest du das?
Denis:	Wir fangen mit einem Glas Champagner zum Geburtstag an. Ich hatte mir überlegt euch in das »Bouffes du Nord« einzuladen, ein wunderschönes Theater. Aber ich war zu spät dran, heute Abend ist es ausverkauft.
Miko:	Dann eben ein anderes Mal. Und das japanische Restaurant reizt dich gar nicht?
Denis:	Doch, gerne, aber nach dem Restaurant könnten

	wir meine Freunde in einem Jazz-Club treffen, im »New Morning«.
Sabine:	Und wenn wir in eine afrikanische Disco zum Tanzen gehen?
Denis:	Das wird eine lange Nacht, wir können ja im »New Morning« anfangen, dann sehen wir weiter!
Sabine:	Ich sehe schon, du bist heute in Form!
Denis:	Man wird ja auch nicht jeden Tag 25. Also los, aber ins Restaurant lade ich euch ein!

Die Verben offrir, ouvrir, voir

offrir (schenken)   **ouvrir** (öffnen)   **voir** (sehen)

Präsens:

j'offre	**j'ouvre**	**je vois**
tu offres	**tu ouvres**	**tu vois**
il/elle offre	**il/elle ouvre**	**il/elle voit**
nous offrons	**nous ouvrons**	**nous voyons**
vous offrez	**vous ouvrez**	**vous voyez**
ils/elles offrent	**ils/elles ouvrent**	**ils/elles voient**

Perfekt:

j'ai offert usw.   **j'ai ouvert** usw.   **j'ai vu** usw.

Futur:

j'offrirai	**j'ouvrirai**	**je verrai**
tu offriras	**tu ouvriras**	**tu verras**
il/elle offrira	**il/elle ouvrira**	**il/elle verra**
nous offrirons	**nous ouvrirons**	**nous verrons**
vous offrirez	**vous ouvrirez**	**vous verrez**
ils/elles offriront	**ils/elles ouvriront**	**ils/elles verront**

Imperfekt:

j'offrais	**j'ouvrais**	**je voyais**
tu offrais	**tu ouvrais**	**tu voyais**
il/elle offrait	**il/elle ouvrait**	**il/elle voyait**
nous offrions	**nous ouvrions**	**nous voyions**
vous offriez	**vous ouvriez**	**vous voyiez**
ils/elles offraient	**ils/elles ouvraient**	**ils/elles voyaient**

Lektion 19 — Übung, Grammatik

Übung 1

Setzen Sie die Präsensformen der Verben ein:

Je (voir) .... la bouteille (Flasche) de Bourgueil, elle (être) .... sur la table. Il (ouvrir) .... la bouteille avec un tire-bouchon (Korkenzieher). Elles (offrir) .... un disque à Denis. Denis (avoir) .... 25 ans. Ils (vouloir) .... aller écouter du jazz dans un club.

---

pour + Infinitiv: um ... zu

On va chez Denis **pour fêter** son anniversaire.
Wir gehen zu Denis **um** seinen Geburtstag **zu feiern**.
Je prends le train **pour aller** à Grenoble.
Ich nehme den Zug **um** nach Grenoble **zu fahren**.

Übung 2

Bilden Sie Sätze mit *pour* + Infinitiv nach folgendem Muster:

Elle part mardi. Elle va à Cannes. **Elle part mardi pour aller à Cannes.**

1. Ils achètent des billets. Ils vont au concert.

....

2. On prend un verre de champagne. On fête l'anniversaire de Denis.

....

3. Elle téléphone au bureau. Elle prend rendez-vous.

....

4. Je fais un cours de français. Je vais travailler à Paris.

....

Übung — Lektion 19

5. Vous faites un stage de ski. Vous apprenez (apprendre lernen) à faire du ski.

....

6. Elles cherchent un hôtel. Elles restent trois jours à Londres.

....

7. Je vais aller à la poste. J'achète une télécarte.

....

8. On prend un kilo de tomates. On fait une salade.

....

Übung 3

Was sagen Sie, wenn Sie ...

1. ... jemandem zum Geburtstag gratulieren?
- **a** Bonne fête!
- **b** Bon anniversaire!
- **c** Félicitations!

2. ... jemandem ein Geschenk überreichen?
- **a** Voilà!
- **b** Prends ça.
- **c** Tiens, c'est pour toi!

3. ... sich für ein Geschenk bedanken?
- **a** Merci pour les tulipes, c'est très gentil!
- **b** Je n'aime pas les tulipes!
- **c** Pourquoi des tulipes rouges?

4. ... jemanden zum Essen einladen?
- **a** Tu viens au restaurant?
- **b** Je t'invite au restaurant!
- **c** Tu aimes les restaurants japonais?

Lektion 19   Übung

Übung 4

Setzen Sie die Futurformen der Verben ein:

1. Pour son anniversaire Miko (inviter) .... ses copains chez elle.

2. Je lui (offrir) .... deux billets de concert.

3. Denis lui (offrir) .... des fleurs.

4. Elle (ouvrir) .... une bouteille de champagne.

5. Nous (commencer) .... la soirée à huit heures.

6. Après le champagne, on (manger) .... des spécialités japonaises.

7. A dix heures on (retrouver) .... des copains au New Morning.

8. La nuit (être) .... longue, on (rentrer) .... à cinq heures du matin.

Übung 5

Ordnen Sie die Dialogsätze zu:

1. Allô Denis? C'est Dominique.   **a** Merci, tu es où?

2. Bien! Bon anniversaire!   **b** Viens boire le champagne!

3. A Paris, pour le week-end.   **c** Ah c'est toi, salut! Ça va?

4. Rien de spécial!   **d** Qu'est-ce que tu fais ce soir?

5. D'accord, je prends un taxi!   **e** Ça ne fait rien!

6. Je n'ai pas de cadeau pour toi!   **f** On t'attend pour le champagne!

Übung, Wortschatz — Lektion 19

Übung 6

Übersetzen Sie:

Ich habe Geburtstag. Vielen Dank für die CD von Miles Davis. Ich lade euch ins Restaurant ein. Danach könnten wir (on pourrait) tanzen gehen. Das wird eine lange Nacht!

....

....

....

Wortschatz

allons-y	also los	**anniversaire** *m*	Geburtstag
apporter	mitbringen	**j'ai failli**	ich hätte beinahe
après	nach / danach		
avoir 25 ans	25 werden	**Joyeux anniversaire!**	Herzlichen Glückwunsch zum Geburtstag!
bise *f*	Küsschen		
boîte *f*	Disco		
Bon anniversaire!	Alles Gute zum Geburtstag!		
		nuit *f*	Nacht
		offrir	schenken
c'est la forme!	du bist in Form!	**on voulait (vouloir)**	wir wollten
ça me dit	das reizt mich	**oublier**	vergessen
cadeau *m*	Geschenk	**ouvrir**	aufmachen
complet	ausverkauft	**penser**	denken
copain *m*	Freund	**retrouver**	treffen
disque compact *m*	CD	**s'y prendre trop tard**	sich zu spät um etwas kümmern
échanger	umtauschen	**théâtre** *m*	Theater
emmener	mitnehmen	**tiens !(tenir)**	hier!
fêter	feiern	**tous les jours**	jeden Tag
fleur *f*	Blume	**tulipe** *f*	Tulpe

CENT-SOIXANTE-DIX-NEUF **179**

Wenn Sie eingeladen sind

Ah, les belles fleurs!
Achtung, in Frankreich ist die kunstvolle Verpackung genauso wichtig wie die Blumen! Deshalb reichen Sie bitte Ihren Strauß verpackt! Was die Blumenwahl betrifft, Finger weg von Chrysanthemen: traditionsgemäß sind dies Blumen für die Toten. Wenn Sie um acht Uhr abends bei Franzosen zum Essen oder zum Apéritif eingeladen sind, sollten Sie nicht Punkt acht mit dem Blumenstrauß vor der Tür stehen. Es wird von Ihnen erwartet, dass Sie Ihrem Gastgeber etwas Zeit lassen. Kommen Sie um den Anstand zu wahren, erst um Viertel nach acht.

Location de voiture

Employée: Qu'est-ce que je peux faire pour vous?
Denis: Nous voulons nous renseigner sur le prix d'une voiture de location.
Employée: Qu'est-ce que vous voulez comme voiture?
Sabine: Une petite voiture qui ne consomme pas beaucoup d'essence.
Employée: Alors je vous propose une Clio ou une Golf. Elles coûtent toutes les deux 100 euros par jour. Laquelle préférez-vous? Pour une semaine vous avez un forfait de 320 euros avec kilométrage illimité.
Denis: Le forfait pour une semaine est intéressant, mais nous partons seulement trois jours pour le week-end de Pâques.
Employée: Dans ce cas, je peux vous faire aussi un forfait pour trois jours, 200 euros toutes taxes comprises (T.T.C.) si vous ramenez la voiture ici. Si vous la laissez dans une autre agence, il y a un supplément de 25 euros.

Lektion 20 Dialog

> *Denis:* Alors on va prendre la Clio du vendredi soir au lundi.
> *Employée:* D'accord, je vous prépare le contrat. J'ai besoin du permis de conduire du conducteur. Pensez à faire le plein avant de rendre la voiture. Vous désirez régler la caution en espèces ou avec une carte de crédit?
> *Denis:* En espèces.

Autovermietung

Angestellte: Was kann ich für Sie tun?
Denis: Wir wollen uns nach den Preisen für einen Mietwagen erkundigen.
Angestellte: Was für ein Auto möchten Sie?
Sabine: Einen kleinen Wagen, der nicht viel Benzin verbraucht.
Angestellte: Dann schlage ich Ihnen einen Clio oder einen Golf vor. Sie kosten beide 100 Euro pro Tag. Welchen hätten Sie lieber? Für eine Woche kann ich Ihnen bei unbegrenzter Kilometerzahl einen Pauschalpreis von 320 Euro anbieten.
Denis: Der Wochenpauschalpreis ist günstig, aber wir fahren nur drei Tage am Osterwochenende weg.
Angestellte: In diesem Fall kann ich Ihnen auch eine Pauschale für drei Tage anbieten, 200 Euro alles inbegriffen, wenn Sie das Auto wieder hierher zurückbringen. Wenn Sie es bei einer anderen Niederlassung abgeben, müssen Sie einen Zuschlag von 25 Euro bezahlen.
Denis: Dann nehmen wir den Clio von Freitagabend bis Montag.
Angestellte: In Ordnung, ich bereite Ihren Vertrag dann vor. Dazu brauche ich den Führerschein des Fahrers. Denken Sie bitte daran noch einmal vollzutanken, bevor Sie den Wagen zurückgeben. Möchten Sie die Kaution in bar oder mit Kreditkarte bezahlen?
Denis: In bar.

Grammatik, Übung Lektion 20

> **Das Fragepronomen lequel** (welcher?)
>
> | | Singular | Plural |
> |---|---|---|
> | maskulin | **lequel** | **lesquels** |
> | feminin | **laquelle** | **lesquelles** |
>
> *Nous voulons louer **une voiture**. Laquelle préférez-vous?*
> Welchen hätten Sie lieber?
>
> **Lequel** ist ein Fragepronomen, das sich in Geschlecht und Zahl nach dem Bezugswort richtet. **Lequel/laquelle/lesquelles** beziehen sich auf Personen und Sachen.

Setzen Sie die richtige Form von *lequel* nach folgendem Beispiel ein:

*Voilà deux pulls. **Lequel préférez-vous?***
Hier sind zwei Pullis. Welchen hätten Sie lieber?

1. Voilà deux bières. .... préférez-vous?

2. Voilà deux fromages. .... préférez-vous?

3. Voilà deux chambres. .... préférez-vous?

4. Voilà deux hôtels. .... préférez-vous?

5. Voilà deux tartes. .... préférez-vous?

Übung 1

> **avant de + Infinitiv:** (bevor)
>
> *J'ai fait le plein **avant de rendre** la voiture.*
> Ich habe vollgetankt, **bevor** ich den Wagen zurückgegeben habe.
> Bei dieser Konstruktion müssen der Hauptsatz und der Infinitivsatz dasselbe Subjekt haben.

Lektion 20 — Übung, Grammatik

Übung 2

Bilden Sie einen Satz mit *avant de* nach folgendem Muster:

Nous partons. Nous téléphonons à Caroline.
Nous téléphonons à Caroline avant de partir.

1. Nous louons une voiture. Nous demandons le prix.

....

2. Nous partons en week-end. Nous réservons une chambre.

....

3. Elle téléphone à Cannes. Elle organise le voyage d'affaires.

....

4. Ils vont au concert. Ils achètent les billets.

....

5. Elles vont chez Luis. Elles achètent des fleurs.

....

Bedingungssätze mit si: wenn, falls

Si vous prenez la voiture une semaine, c'est moins cher.
Wenn Sie den Wagen für eine Woche mieten, ist es billiger.
S'il vient à Paris, on ira au concert.
Falls er nach Paris kommt, werden wir ins Konzert gehen.

■ Merke:
si + il / ils wird zu *s'il / s'ils*, jedoch nicht bei *elle / elles*.

Aufgepasst
Die Zeiten im *si*-Satz:
Im Bedingungssatz mit *si* kann **nie** Futur stehen; in dem sich anschließenden Hauptsatz können Präsens oder Futur stehen.

Übung   Lektion 20

Bilden Sie einen Satz mit *si* nach folgendem Muster:

Vous prenez la voiture une semaine. C'est moins cher.
Si vous prenez la voiture une semaine, c'est moins cher.

1. Vous allez en voiture (mit dem Auto) à Tours. C'est moins cher.

....

2. Vous visitez le Louvre en semaine (unter der Woche). C'est plus intéressant.

....

3. Tu téléphones à Sabine à 8 heures. Elle sera là.

....

4. Tu rentres à 7 heures. On ira au cinéma.

....

5. Nous partons faire du ski. Nous réserverons deux chambres.

....

Verbinden Sie die Fragen und die Antworten:

1. Qu'est-ce que je peux faire pour vous?

a Pour trois jours seulement.

2. Qu'est-ce que vous voulez comme voiture?

b Nous désirons louer une petite voiture.

3. Vous la prenez pour combien de temps?

c Avec une carte de crédit.

4. Vous voulez un forfait?

d Une Clio.

5. Vous désirez régler comment?

e D'accord, mais un forfait pour trois jours.

Lektion 20 — Übung

Übung 5

Stellen Sie Fragen mit *quel* (vgl. Lektion 16):

1. .... est ton adresse?
2. .... est ton numéro de téléphone?
3. .... est ta langue maternelle?
4. .... est ta nationalité?
5. On a rendez-vous à .... heure au café?
6. Toi aussi, tu vas au concert, ... jour?
7. .... âge a Sabine?
8. Tu travailles pour .... agences à Paris?
9. Tu lis .... journal?
10. Tu parles couramment .... langues?
11. Tu as .... professeur?
12. Tu fais du sport? .... sports?

Übung 6

Bilden Sie Vergleichssätze nach folgendem Muster:

| Clio | Golf | chère |

Une Clio est plus chère qu'une Golf.

1. forfait pour 1 semaine   prix à la journée   intéressant

....

2. billets de cinéma   billets de concert   chers

....

3. le japonais   l'anglais   difficile (schwierig)

....

4. la France   l'Italie   grande

....

5. vacances scolaires   en France en Allemagne   longues

....

6. fromages français   fromages allemands   plus connus

....

7. TGV   train normal   rapide (schnell)

....

8. hôtels en province   hôtels à Paris   chers

....

alors	dann	**louer**	vermieten / mieten
autre	anderer		
avoir besoin de	brauchen	**Pâques** *m*	Ostern
carte de crédit *f*	Kreditkarte	**permis de conduire** *m*	Führerschein
caution *f*	Kaution	**petit**	klein
conducteur *m*	Autofahrer	**préparer**	vorbereiten
consommer	verbrauchen	**proposer**	vorschlagen
contrat *m*	Vertrag	**ramener**	zurückbringen
coûter	kosten		
dans ce cas	in diesem Fall	**régler**	bezahlen
en espèces	bar	**rendre**	zurückbringen
essence *f*	Benzin		
faire	hier: anbieten	**sans plomb**	bleifrei
faire le plein	volltanken	**seulement**	nur
forfait *m*	Pauschale	**supplément** *m*	Zuschlag
location *f*	Vermietung	**toutes les deux** *f pl*	beide
illimité	unbegrenzt		
intéressant	günstig / interessant	**toutes taxes comprises (T.T.C.)**	alles inbegriffen
kilométrage *m*	Kilometerzahl		

Wortschatz

Test 4

1 Entscheiden Sie sich für eine der beiden Lösungen. Springen Sie dann zu dem durch die Nummer bezeichneten Feld.

2 Je travaille ... journée.

toute ⇨ 8
tout ⇨ 15

6 Falsch!

Wieder zurück zu Nummer 8.

7 Falsch!

Wieder zurück zu Nummer 4.

11 Falsch!

Wieder zurück zu Nummer 29.

12 Sehr gut, weiter: Le premier ma[i] tombe ...

un jeudi. ⇨ 16
jeudi. ⇨ 24

16 Gut, weiter: Ils ... un disque.

offrent ⇨ 22
offre ⇨ 18

17 Falsch!

Wieder zurück zu Nummer 22.

21 Falsch!

Wieder zurück zu Nummer 13.

22 Richtig! Mets ... les sta[ges]!

tout ⇨ 17
tous ⇨ 19

26 Falsch!

Wieder zurück zu Nummer 30.

27 Gut, weiter: Bonjour Sabine, ça ...

ira ⇨ 23
va ⇨ 12

Test 4

3 Falsch! Wieder zurück zu Nummer 5.	**4** Gut weiter: ... heure est-il? Quelle ⇨ 20 Quel ⇨ 7	**5** Richtig, weiter: ... prenez le petit déjeuner. Nous ⇨ 3 Vous ⇨ 13
8 Richtig, weiter: Qu'est-ce que tu ...? fait ⇨ 6 fais ⇨ 25	**9** Falsch! Wieder zurück zu Nummer 25.	**10** Falsch! Wieder zurück zu Nummer 14.
13 Richtig! Weiter: Tu as ... âge? quelle ⇨ 21 quel ⇨ 29	**14** Sehr gut, weiter: Elle ouvre ... cadeau. sa ⇨ 10 son ⇨ 30	**15** Falsch! Wieder zurück zu Nummer 2.
18 Falsch! Wieder zurück zu Nummer 16.	**19** Richtig! Ende der Übung	**20** Prima, weiter: J'irai ... la Côte. sur ⇨ 5 à ⇨ 28
23 Falsch! Wieder zurück zu Nummer 27.	**24** Falsch! Wieder zurück zu Nummer 12.	**25** Sehr gut, weiter: Tu connais ce café? ... café? quel ⇨ 14 quelle ⇨ 9
28 Falsch! Wieder zurück zu Nummer 20.	**29** Prima, weiter: Vous réglez ... espèces? en ⇨ 27 par ⇨ 11	**30** Richtig, weiter: J'ai lu ... les annonces. toutes ⇨ 4 tous ⇨ 26

LEKTION 21

Panne sur l'autoroute

Sabine et Denis reviennent de Normandie par l'autoroute A 13. Ils ont une panne.

Sabine: Combien de kilomètres il y a encore jusqu'à Paris?

Denis: On vient de passer la sortie pour Mantes-la-Jolie. Il reste environ une cinquante de kilomètres jusqu'au périphérique.

Sabine: Tu entends ce drôle de bruit? Qu'est-ce que ça peut bien être?

Denis: Aucune idée. On dirait même que le bruit devient de plus en plus fort. Ça a l'air sérieux!

Sabine: Arrête-toi sur le bas-côté! On va appeler le service de dépannage. Je vais chercher une borne téléphonique.

Dialog — Lektion 21

La dépanneuse arrive, le mécanicien inspecte la voiture.
Mécanicien: La courroie de transmission est complètement arrachée. Il faut la changer, mais je n'ai pas ce modèle avec moi. Je vais remorquer votre voiture jusqu'au prochain garage.
Denis: Quelle galère! En plus, c'est une voiture que nous avons louée!
Mécanicien: Ne vous en faites pas! L'agence de location vous remboursera les frais de réparation.

Panne auf der Autobahn

Sabine und Denis kommen aus der Normandie zurück. Auf der A 13 haben sie eine Panne.
Sabine: Wie viel Kilometer sind es noch bis Paris?
Denis: Wir sind gerade an der Ausfahrt Mantes-la-Jolie vorbeigefahren. Wir haben noch ungefähr fünfzig Kilometer bis zum Autobahnring um Paris.
Sabine: Hörst du dieses komische Geräusch? Was kann das sein?
Denis: Keine Ahnung. Es scheint aber stärker zu werden. Das hört sich nicht gut an!
Sabine: Halte lieber auf dem Seitenstreifen an. Wir rufen die Pannenhilfe an. Ich suche eine Notrufsäule.
Die Pannenhilfe kommt, der Mechaniker sieht sich das Auto an.
Mechaniker: Der Keilriemen ist gerissen. Man muss ihn auswechseln, aber dieses Modell habe ich nicht bei mir. Ich werde Ihr Auto zur nächsten Werkstatt abschleppen.
Denis: So ein Ärger! Und noch dazu ist es ein Mietwagen!
Mechaniker: Machen Sie sich keine Sorgen! Die Mietwagenagentur wird Ihnen die Reparaturkosten erstatten.

Lektion 21 — Grammatik

Das Relativpronomen que

C'est un acteur **que** je connais.
Das ist ein Schauspieler, den ich kenne.

C'est un film **que** j'aime.
Das ist ein Film, den ich mag.

C'est l'exercice **qu'**elle a fait hier.
Das ist die Übung, die sie gestern gemacht hat.

■ Merke:
Das Relativpronomen **que** (den / die / das) ist eine **Akkusativergänzung** und bezieht sich auf Personen und Sachen. **que** ist immer unveränderlich, vor **Vokalen** steht **qu'**.

Relativsatz

*Il lit un article **qui** est écrit en anglais.*
Es liest einen Zeitungsartikel, der auf Englisch geschrieben ist.
*J'ai une collègue **qui** parle italien.*
Ich habe eine Kollegin, die Italienisch spricht.
*J'ai rencontré une stagiaire **que** vous connaissez.*
Ich habe eine Praktikantin getroffen, die Sie kennen.
*La ville **où** j'habite est très belle.*
Die Stadt, in der ich wohne, ist sehr schön.
*Elle téléphone toujours à une heure **où** je ne suis pas au bureau.*
Sie ruft immer zu einer Zeit an, zu der ich nicht im Büro bin.

In dem Relativsatz steht das Relativpronomen direkt hinter dem Bezugswort. Das Relativpronomen **qui** (der / die / das) ist **Subjekt** des Relativsatzes (vgl. Lektion 14), **que** eine **Akkusativergänzung**. Das Relativpronomen **où** bezieht sich auf eine **Orts-** oder **Zeitangabe** im Hauptsatz.

Aufgepasst

■ Merke:
Vor dem französischen Relativsatz steht kein Komma.

Übung, Grammatik   Lektion 21

Setzen Sie *qui* oder *que* ein:

Übung 1

1. C'est une voiture .... nous avons louée.
2. C'est l'agence .... remboursera les frais de réparation.
3. Mantes-la-Jolie est la sortie d'autoroute .... on vient de passer.
4. C'est la courroie de transmission .... est arrachée.
5. C'est le numéro de téléphone .... tu m'as donné.
6. C'est un livre .... est écrit en anglais.
7. J'ai rencontré dans la rue le client .... a téléphoné.
8. J'ai cherché la sortie d'autoroute .... est sur la carte.
9. C'est une chanteuse (Sängerin) .... j'aime beaucoup.
10. C'est la musique .... je préfère.

---

venir de + Infinitiv

Il vient de téléphoner.   Er hat gerade angerufen.

Diese Konstruktion wird gebraucht um eine unmittelbare Vergangenheit auszudrücken. Die deutsche Übersetzung lautet: gerade etwas getan haben.

Bilden Sie Sätze nach folgendem Muster:

J'ai lu le journal. **Je viens de lire le journal**

Übung 2

1. Sabine a téléphoné au service de dépannage.

   ....

2. Vous avez loué une voiture pour le week-end.

   .... ▶

3. Ils ont passé la sortie d'autoroute.

....

4. Le mécanicien a réparé (repariert) la voiture.

....

5. L'agence a remboursé les frais de réparation.

....

Übung 3

Bilden Sie einen Satz:

1. C'est l'acteur que   a fait les courses.
2. Il reste 50 km   b je préfère.
3. Aujourd'hui c'est Sabine qui c jusqu'au périphérique.
4. Il va remorquer sa voiture   d au service de dépannage.
5. Je téléphone   e jusqu'au prochain garage.

Übung 4

Setzen Sie das richtige Wort ein:

1. .... kilomètres il y a encore jusqu'à Paris?

2. On vient de .... la sortie pour Mantes-la-Jolie.

3. Arrête-toi sur le .... de la route.

4. Voilà une .... téléphonique.

5. La .... arrive.

6. Il faut .... la courroie de transmission.

a dépanneuse; **b** passer; **c** combien de; **d** bas-côté; **e** borne; **f** changer

Übung, Wortschatz   Lektion 21

Übung 5

Übersetzen Sie:

Sabine und Denis kommen aus der Normandie zurück. Fünfzig Kilometer vor (avant) Paris haben sie eine Panne auf der Autobahn. Sabine ruft die Pannenhilfe an. Der Mechaniker muss (doit) das Auto abschleppen.

....

....

....

Wortschatz

arraché	durchgerissen	panne *f*	Panne
aucun(e)	kein / keine(r)	garage *m*	Werkstatt
		idée *f*	Ahnung
autoroute *f*	Autobahn	inspecter	sich ansehen
bas-côté *m*	Seitenstreifen	mécanicien *m*	Mechaniker
borne téléphonique *f*	Notrufsäule	ne vous en faites pas!	machen Sie sich keine Sorgen!
bruit *m*	Geräusch		
Ça a l'air sérieux!	Das hört sich nicht gut an!	on dirait (dire)	es scheint
		passer	vorbeifahren
changer	auswechseln	périphérique *m*	Autobahnring
complètement	vollständig		
courroie de transmission *f*	Keilriemen	quelle galère!	so ein Ärger!
		rembourser	erstatten
dépanneuse *f*	Abschleppwagen	remorquer	abschleppen
		revenir de	zurückkommen
devenir	werden		
drôle	komisch	service de dépannage *m*	Pannenhilfe
en plus	auch noch		
entendre	hören	sortie (d'autoroute) *f*	Autobahnausfahrt
environ	ungefähr		
fort	stark / laut		
frais de réparation *m pl*	Reparaturkosten		

CENT-QUATRE-VINGT-QUINZE **195**

Lektion 21 Wortschatz, Landeskunde

Zusatzwortschatz

accélérateur *m*	Gaspedal
accélérer	beschleunigen
centre ville	Stadtmitte
cric *m*	Wagenheber
échangeur *m*	Autobahnkreuz
en codes *m pl*	mit Abblendlicht
essuie-glace *m*	Scheibenwischer
frein *m*	Bremse
freiner	bremsen
klaxonner	hupen
phares *m pl*	Licht / Scheinwerfer
pleins phares	Fernlicht
pneu à plat *m*	Plattfuß
pneu *m*	Reifen
ralentir	(ab)bremsen
rappel de limitation	Verkehrszeichen
réservoir d'essence *m*	Benzintank
sens interdit	Einfahrt verboten
sens unique	Einbahnstraße
toutes directions	etwa: Fernverkehr / Durchgangsverkehr
vitesse *f*	Gang / Geschwindigkeit

Autonummern und Postleitzahlen

Die beiden letzten Ziffern auf den Nummernschildern der französischen Autos entsprechen den Nummern der 95 *départements,* die in alphabetischer Reihenfolge durchnummeriert sind. Paris z.B. befindet sich in dem *département Seine* = 75, Grenoble = 38 *(département Isère)* usw.

Die Postleitzahl *(indicatif)* enthält ebenfalls die Nummer der *départements.* Bei der Postleitzahl 75011 steht die 75 beispielsweise für Paris und die 11 für das *arrondissement* (Bezirk).

Chez le médecin

22

Docteur: Bonjour, Mademoiselle. Qu'est-ce qui ne va pas?
Sabine: Je ne me sens pas bien. J'ai mal à la tête, je tousse et j'ai des frissons. J'ai l'impression que j'ai pris froid.
Docteur: Avez-vous de la fièvre?
Sabine: Oui, je crois.
Docteur: Allongez-vous, je vais vous ausculter.
Le docteur examine Sabine.
Docteur: Vous avez une belle bronchite. Ce n'est pas étonnant.
Avec ce froid, tout le monde est malade. Vous pouvez vous rhabiller. Je vais vous donner quelque chose contre la fièvre. Vous prenez ce médicament trois fois par jour après les repas. Ensuite, du sirop. Prenez-en une cuillerée à soupe plusieurs fois par jour. Je vous conseille de rester au lit quelques jours. Voilà l'ordonnance et la feuille de maladie.

Lektion 22 — Dialog

> *Sabine:* Merci Docteur, mais je suis allemande et je ne suis pas assurée en France.
> *Docteur:* La feuille de maladie vous servira de facture pour le remboursement des frais médicaux et pharmaceutiques dans votre pays.
> *Sabine:* Je vous dois combien pour la consultation?
> *Docteur:* 20 euros, s'il vous plaît. Si ça ne va pas mieux à la fin de la semaine, revenez me voir, je vous donnerai des antibiotiques.

Beim Arzt

Arzt: Guten Tag, was fehlt Ihnen denn?
Sabine: Ich fühle mich nicht wohl. Ich habe Kopfschmerzen, ich huste und habe Schüttelfrost. Ich glaube, ich habe mich erkältet.
Arzt: Haben Sie Fieber?
Sabine: Ich glaube, ja.
Arzt: Legen Sie sich hin, ich werde Sie abhorchen.
Der Arzt untersucht Sabine.
Arzt: Sie haben eine schöne Bronchitis. Das ist kein Wunder. Bei dieser Kälte ist alle Welt krank. Sie können sich wieder anziehen. Ich gebe Ihnen etwas gegen das Fieber. Nehmen Sie dieses Medikament dreimal am Tag nach den Mahlzeiten und dann noch einen Hustensaft. Nehmen Sie mehrmals am Tag einen Esslöffel voll. Ich rate Ihnen ein paar Tage im Bett zu bleiben. Hier haben Sie das Rezept und Ihr Abrechnungsformular.
Sabine: Danke, Herr Doktor, aber ich bin Deutsche und bin hier in Frankreich nicht versichert.
Arzt: Das Abrechnungsformular dient Ihnen auch als Beleg für die Erstattung der Arzt- und Arzneimittelkosten in Ihrem Land.
Sabine: Was bin ich Ihnen für die Untersuchung schuldig?
Arzt: Das macht 20 Euro. Wenn es Ende der Woche nicht besser ist, kommen Sie noch einmal vorbei, dann verschreibe ich Ihnen Antibiotika.

Grammatik, Übung Lektion 22

Die Konjunktion *que* (dass)

*Je crois **qu**'elle est à Cannes.*	Ich glaube, dass sie in Cannes ist.
*Il dit **que** Sabine est malade.*	Er sagt, dass Sabine krank ist (sei).
*Elle raconte **qu**'elle a mal à la tête.*	Sie erzählt, dass sie Kopfschmerzen hat (habe).

Die Konjunktion *que* (dass) leitet im Französischen Objektsätze ein. Im Deutschen kann die Konjunktion »dass« auch wegfallen: Er sagt, Sabine ist (sei) krank.

Übung 1

Bilden Sie einen Satz nach folgendem Muster:

Sabine est malade. Le médecin (dire que) ....
Le médecin dit que Sabine est malade.

1. Sabine a mal à la tête. Elle (dire que) ....

2. Sabine tousse. Elle (raconter que) ....

3. Elle a pris froid. Elle (croire que) ....

4. Sabine est assurée en Allemagne. Elle (dire que)

....

5. Les frais médicaux sont remboursés. Le médecin (dire que)

....

6. La consultation coûte 20 euros. Le médecin (dire que)

....

7. Sabine a une bronchite. Le médecin (dire que)

....

8. Avec ce froid, tout le monde est malade. Le médecin (dire que)

....

Lektion 22 — Grammatik, Übung

Das Verb *croire* (glauben / denken)

Präsens
- je crois
- tu crois
- il / elle / on croit
- nous croyons
- vous croyez
- ils / elles croient

Perfekt
j'ai cru — tu as cru — il a cru usw.

Imperfekt
je croyais — tu croyais — il croyait usw.

Futur
je croirai — tu croiras — il croira usw.

Übung 2 — Setzen Sie die Präsensformen von *croire* ein:

1. Tu (croire) .... qu'elle est à Paris?
2. Je (croire) .... qu'il va prendre les billets à la gare.
3. Vous (croire) .... qu'elle parle japonais?
4. Nous (croire) .... que c'est un bon médecin.
5. Il (croire) .... qu'il a une bronchite.

Übung 3 — Verbinden Sie die Fragen mit den passenden Antworten:

1. Qu'est-ce qui ne va pas?
2. Vous avez de la fièvre?
3. Vous voulez prendre des antibiotiques?
4. Je vous dois combien pour la consultation?

a Non, je préfère attendre pour en prendre.
b J'ai mal à la tête, je tousse.
c 20 euros, s'il vous plaît.
d Oui, je crois.

Übung, Wortschatz   Lektion 22

Ein Wort passt nicht in die Reihe. Kreuzen Sie es an:

Übung 4

☐ tousser ☐ malade ☐ fièvre ☐ bonjour

☐ facture ☐ médicament ☐ antibiotique ☐ sirop

☐ ordonnance ☐ frais médicaux ☐ repas ☐ rembourser

☐ par jour ☐ mal à la tête ☐ frissons ☐ bronchite

Übersetzen Sie:

Übung 5

Ich glaube, ich habe mich erkältet. Können Sie mir Antibiotika verschreiben (faire une ordonnance pour)? Nehmen Sie dieses Medikament dreimal am Tag. Bleiben Sie ein paar Tage im Bett. Wenn es nicht besser wird, kommen Sie nächste Woche (la semaine prochaine) wieder.

....
....
....
....
....

Wortschatz

antibiotique *m*	Antibiotikum	**étonnant**	überraschend
après	nach	**examiner**	untersuchen
assuré	versichert	**facture** *f*	Rechnung
ausculter	abhorchen	**feuille de maladie** *f*	Abrechnungsformular (für die Krankenkasse)
avoir des frissons	Schüttelfrost haben		
avoir mal à la tête	Kopfschmerzen haben		
bronchite *f*	Bronchitis	**frais médicaux** *m pl*	Arztkosten
consultation *f*	Untersuchung	**frais pharmaceutiques** *m pl*	Arzneimittelkosten
cuillerée *f*	Löffel voll	**froid** *m*	Kälte

DEUX-CENT ET UNE **201**

médecin *m*	Arzt	remboursement *m*	Rückerstattung
heures de consultation *f pl*	Sprechstunden	repas *m*	Mahlzeit
impression *f*	Eindruck	rester au lit	im Bett bleiben
malade	krank	s'allonger	sich hinlegen
malade *m f*	Kranke(r)	se rhabiller	sich wieder anziehen
médicament *m*	Arzneimittel, Medikament	se sentir	sich fühlen
mieux	besser	sirop *m*	Hustensaft
ordonnance *f*	Rezept	tousser	husten
pas bien	nicht wohl	tout le monde	alle
prendre froid	sich erkälten		

Zusatzwortschatz

cachet *m*	Tablette	pharmacien *m*	Apotheker
douleur *f*	Schmerz	piqûre *f*	Spritze
faire une ordonnance	ein Rezept geben	prescrire	verschreiben
généraliste *m*	Arzt für Allgemeinmedizin	se déshabiller	sich ausziehen
		spécialiste *m*	Facharzt

Gesundheitssystem

Das französische Gesundheitssystem ist anders aufgebaut als das deutsche. Der Patient zahlt in jedem Fall zuerst die Arztkosten und bekommt sie anschließend von der Krankenkasse erstattet.

In Notfällen finden Sie im Telefonbuch die Nummer des Notarztes (SAMU) oder Sie können sich in die Ambulanz (***service des urgences***) eines Krankenhauses (***hôpital*** bzw. CHU) begeben.

Camping en Provence

23

Sabine est partie en voiture avec les Rougier dans le Massif du Lubéron en Provence pour y passer le week-end du 1er mai.

Michel: Quelle chance que le premier mai tombe un jeudi! Ça nous permet de partir quatre jours!

Caroline: Apt, 10 km, nous sommes presque arrivés. Saignon n'est qu'à 5 km d'Apt. Tu vas voir, Sabine, c'est un superbe village, entouré de champs de lavande.

Michel: Oui, mais ce n'est pas encore la saison! La lavande ne fleurit qu'en juillet. Mai, c'est le mois du muguet!

Caroline: Là, tourne à droite! Camping »A qui sian ben«.

Michel: Tiens regarde, les tarifs sont affichés. Emplacement tente 10 euros la nuit, supplément voiture 4 euros.

Lektion 23 — Dialog

Sabine: Qu'est-ce que ça veut dire »A qui sian ben«?
Caroline: C'est du provençal: »Ici on est bien« ... Allons-y!
Bonjour, Monsieur, vous avez de la place pour deux tentes?
Gardien: Pas de problème à cette saison! Installez-vous où vous voulez. Les sanitaires se trouvent derrière la réception. Ça vous convient?
Caroline: Magnifique, quel calme!
Gardien: Vous voulez rester combien de jours?
Michel: Trois nuits, nous partirons dimanche dans l'après-midi.
Gardien: Parfait, profitez du soleil de Provence. Vous payerez en partant, n'oubliez pas hein?
Sabine: On monte les tentes avant la nuit?
Michel: Bonne idée, ah zut! J'ai oublié ma lampe de poche!
Caroline: J'en ai une. Heureusement que je pense à tout, à la lampe de poche, aux sacs de couchage, au camping-gaz... Au fait, j'espère que tu as pris le marteau pour planter les piquets.
Michel: Non, j'ai oublié. Mais une grosse pierre fera l'affaire!

Zelten in der Provence

Sabine ist mit den Rougiers ins Lubéron-Massiv in der Provence gefahren, um dort das Wochenende des 1. Mai zu verbringen.

Michel: Was für ein Glück, dass der 1. Mai auf einen Donnerstag fällt. So können wir vier Tage wegfahren!
Caroline: Apt 10 km, wir sind fast da. Saignon ist nur 5 km von Apt entfernt. Du wirst sehen, Sabine, es ist ein wunderschönes, von Lavendelfeldern umgebenes Dorf.
Michel: Ja, aber es ist noch nicht die Jahreszeit dafür. Der Lavendel blüht erst im Juli. Mai ist der Monat der Maiglöckchen.

Caroline: Hier musst du rechts abbiegen! Camping »A qui sian ben«.
Michel: Sieh mal, da hängen die Preise aus. Zeltplatz 10 Euro pro Nacht, Zuschlag für Auto 4 Euro.
Sabine: Was heißt eigentlich »A qui sian ben«?
Caroline: Das ist Provenzalisch und heißt »Hier ist gut weilen« ... Auf geht's! Guten Tag, haben Sie Platz für zwei Zelte?
Verwalter: Kein Problem zu dieser Jahreszeit! Stellen Sie Ihr Zelt auf, wo Sie wollen. Die sanitären Anlagen sind hinter der Rezeption. Gefällt es Ihnen?
Caroline: Wunderbar, was für eine Ruhe!
Verwalter: Wie viele Tage möchten Sie bleiben?
Michel: Drei Nächte, wir fahren am Sonntagnachmittag wieder.
Verwalter: Alles klar, genießen Sie die Sonne der Provence. Sie zahlen, wenn sie abfahren, aber nicht vergessen, ja?
Sabine: Bauen wir die Zelte auf, bevor es Nacht wird?
Michel: Gute Idee! Oh verflixt, ich habe meine Taschenlampe vergessen!
Caroline: Ich habe eine, glücklicherweise denke ich an alles, an die Taschenlampe, die Schlafsäcke, den Camping-Kocher ... Übrigens, ich hoffe, du hast den Hammer für die Heringe dabei.
Michel: Nein, den habe ich vergessen. Aber ein großer Stein tut es auch!

Das Gerundium (gérondif): en + Partizip Präsens

*Vous payerez **en** part**ant**.*
Sie (werden) bezahlen bei der Abfahrt.
*Elle écoute la radio **en** fais**ant** la cuisine.*
Sie hört beim Kochen Radio.
*Il s'est cassé la jambe **en** fais**ant** du ski.*
Er hat sich beim Skifahren das Bein gebrochen.
*Elle a appris le français **en** travaill**ant** en France.*
Sie hat Französisch gelernt, als sie in Frankreich gearbeitet hat.

Lektion 23 Grammatik, Übung

> Um das **Partizip Präsens** zu bilden fügt man die **Endung -ant** an den **Stamm der 1. Person Plural Präsens**, z.B. *nous arrivons*, Partizip Präsens *arriv**ant***.
> Das Gerundium ***en*** + **Partizip Präsens** gibt einen **gleichzeitigen Vorgang** wieder, z.B. *elle écoute la radio **en** fais**ant** la cuisine*. Das **Gerundium** bezeichnet auch eine **Umstandsergänzung** des Mittels oder der Art und Weise, z.B. *il s'est cassé la jambe **en** fais**ant** du ski*.
> Die Form des Gerundiums verändert sich nicht.

Übung 1

Bilden Sie Sätze nach folgendem Muster:

Apprenez le français! (écouter la radio)
Apprenez le français en écoutant la radio!

1. Trouvez un appartement! (Wohnung) (mettre une annonce dans le journal)

   ....

2. Perdez 5 kilos! (5 Kilo abnehmen) (faire du sport)

   ....

3. Montez la tente! (arriver au camping)

   ....

4. N'oubliez pas votre lampe de poche! (partir)

   ....

5. Téléphone à Miko! (rentrer à Paris)

   ....

Übung, Grammatik — Lektion 23

Übung 2

Bilden Sie einen Satz nach folgendem Muster:

Elle travaille. Elle écoute la radio.
Elle travaille en écoutant la radio.

1. Ils dînent. Ils regardent la télé (sie schauen Fernsehen).

....

2. Il s'est blessé (er hat sich verletzt). Il a monté la tente.

....

3. Ils ont oublié de payer. Ils sont partis.

....

4. Sabine a rencontré Denis. Elle est allée à Grenoble.

....

5. Nous avons trouvé le camping. Nous sommes arrivés à Apt.

....

Das Partizip Perfekt

a) Bei Verben, die das Perfekt mit **être** bilden (vgl. L. 7), richtet sich das Partizip in Zahl und Geschlecht nach dem **Subjekt** des Satzes, auf das es sich bezieht.

Nous sommes arriv**és**.   Wir sind angekommen.

b) Bei Verben, die das Perfekt mit **avoir** bilden, richtet sich das Partizip in Geschlecht und Zahl immer dann nach der Akkusativergänzung, wenn sie dem Verb **vorausgeht.**

Akkusativergänzungen können dem Verb vorausgehen
– als Personalpronomen **le, la, les, me, te, nous, vous**:

J'ai oublié **la tente**.	Ich habe das Zelt vergessen.
Je **l'**ai oubli**ée**.	Ich habe es vergessen.
J'ai oublié **les papiers de la voiture**.	Ich habe die Autopapiere vergessen.

▶

Lektion 23 Grammatik, Übung

> *Je **les** ai oubli**és**.* Ich habe sie vergessen.
> *Il **nous** a invit**és**.* Er hat uns eingeladen.
>
> – als Relativprononem ***que***:
> *C'est **la voiture que**
> j'ai lou**ée**.* Das ist der Wagen, den ich gemietet habe.
>
> – als Fragebegleiter ***quel***:
> *J'ai réservé les chambres.*
> ***Quelles chambres** as-tu
> réserv**ées**?* Welche Zimmer hast du bestellt?
>
> – oder als einleitendes ***combien de*** + **Substantiv** im Fragesatz:
> ***Combien de chambres**
> as-tu réserv**ées**?* Wie viele Zimmer hast du bestellt?

Übung 3

Setzen Sie die richtigen Partizip-Perfekt-Endungen ein:

1. Nous sommes arrivé .... le soir au camping.
2. Ils sont resté .... trois jours à Apt.
3. Elle est venu .... en Provence à Pâques.
4. Ils sont allé .... à Aix-en-Provence.
5. Sabine est parti .... en voiture avec Michel et Caroline.

Übung 4

Verbinden Sie die Fragen mit den passenden Antworten:

1. Vous voulez rester combien de jours? **a** Bonne idée!
2. Vous avez de la place pour deux tentes? **b** Trois nuits.
3. On monte les tentes avant la nuit? **c** C'est du provençal.

Übung, Wortschatz   Lektion 23

4. Qu'est-ce que ça veut dire   **d** Pas de problème à cette
»A qui sian ben«?   saison.

Ein Wort passt nicht in die Reihe. Kreuzen es an: *Übung 5*

☐ lavande   ☐ muguet   ☐ rose   ☐ mai

☐ sac de couchage ☐ tarif   ☐ lampe de poche ☐ marteau

☐ juillet   ☐ saison   ☐ août   ☐ septembre

☐ piquet   ☐ gardien   ☐ camping-gaz   ☐ tente

Übersetzen Sie: *Übung 6*

Wir sind fast angekommen. Saignon ist nur fünf Kilometer von Apt entfernt. Wir haben Platz für zwei Zelte. Wir bauen die Zelte auf. Wir haben die Taschenlampe und den Hammer vergessen.

....
....
....

Wortschatz

affiché	angeschlagen	gardien (du camping) *m*	Verwalter
camping-gaz *m*	Camping-Kocher	gros	dick
champ de lavande *m*	Lavendelfeld	hein?	nicht wahr / ja?
convenir	gefallen	heureusement que	gut, dass
emplacement tente *m*	Zeltplatz	lampe de poche	Taschenlampe
en partant	wenn sie abfahren	le 1er mai	der 1. Mai
entouré de	umgeben von	marteau *m*	Hammer
faire du camping	zelten	monter une tente	ein Zelt aufbauen
faire l'affaire	es auch tun	oublier	vergessen
fleurir	blühen	parfait	wunderbar
camping *m*	Zelten	payer	zahlen

▶

DEUX-CENT-NEUF **209**

penser à	denken an	**sanitaires** *f pl*	sanitäre Anlagen
permettre	ermöglichen		
pierre *f*	Stein	**soleil** *m*	Sonne
piquet *m*	Hering	**superbe**	wunderschön
planter	einschlagen	**tarif** *m*	Preis
presque	fast	**tente** *f*	Zelt
profiter de	genießen	**terrain de camping** *m*	Zeltplatz
s'installer	sich niederlassen		
		tomber	fallen
sac de couchage *m*	Schlafsack	**village** *m*	Dorf
		zut!	verflixt!
saison *f*	Jahreszeit		

Regionale Kulturen

Am 1. Mai schenkt man in Frankreich als Glücksbringer Maiglöckchen. Es gibt in Frankreich eine Reihe von Regionalkulturen und Sprachen. Das **Okzitanische** (Provenzalisch) in der Provence, das **Katalanische** und **Baskische** an der spanischen Grenze, das **Bretonische** in der Bretagne (Aufkleber auf Autoschildern Breiz = Bretagne) und das **Elsässische** im Elsass. Das Okzitanische hat eine lange literarische Tradition, die vom Mittelalter (die Zeit der **troubadours** = Minnesänger) bis ins 19. Jahrhundert (Frédéric Mistral) reicht.

Les Puces

LEKTION 24

Sabine et Miko sont aux Puces de Saint Ouen.

Vendeur: Alors mes petites dames, on n'achète rien aujourd'hui? Regardez-moi ces foulards, pure soie!

Sabine: C'est combien?

Vendeur: 4 euros pièce, les deux pour 7. Un pour chacune! Allez, un petit cadeau!

Miko: Non merci, on vient juste d'arriver. On voudrait faire un tour avant d'acheter.

Sabine: Oh, regarde les chapeaux Miko! Celui-ci est vraiment drôle. Ma grand-mère avait le même quand elle était jeune. Essaie-le!

Miko: Non, je n'ose pas. Je ne le mettrai jamais! Ça fait complètement ringard!

Sabine: Pas du tout, tout à fait 1925, je suis sûre que ça te va à merveille!

Miko essaie le chapeau.

Vendeur: Tenez, voilà une glace. Ça vous va très bien, la classe!

Miko: Il est pas mal, mais un peu décousu! Vous le vendez combien?
Vendeur: Allez! Je vous fais un prix! 50 euros!
Sabine: 50 euros! C'est plus cher qu'aux Galeries Lafayette!
Miko: C'est trois fois trop cher! Dommage! Au revoir!
Vendeur: Attendez, ne partez pas comme ça! Je vous le laisse à 48 euros!
Miko: Je vous donne 40 euros, pas plus!
Vendeur: 42 et il est à vous.
Miko: Ecoutez, je vais réfléchir!

Auf dem Flohmarkt

Sabine und Miko sind auf dem Flohmarkt von Saint Ouen.
Verkäufer: Na, meine Damen, wird heute nichts gekauft? Sehen Sie mal diese Halstücher, reine Seide!
Sabine: Was kosten sie?
Verkäufer: 4 Euro das Stück, zwei für 7 Euro. Eins für jede! Wie wär's mit einem kleinen Geschenk!
Miko: Nein, danke, wir sind gerade angekommen. Wir sehen uns erst mal um, bevor wir etwas kaufen.
Sabine: Sieh mal die Hüte, Miko! Der da ist wirklich ulkig. Meine Großmutter hatte den gleichen, als sie jung war. Probier ihn mal!
Miko: Nein, ich traue mich nicht. Den setze ich nie auf! Das sieht ja total altmodisch aus.
Sabine: Aber überhaupt nicht, ganz wie in den 20er Jahren. Ich bin sicher, dass er dir hervorragend steht!
Miko probiert den Hut.
Verkäufer: Hier haben Sie einen Spiegel. Er steht Ihnen sehr gut, richtig Klasse der Hut!
Miko: Er ist nicht schlecht, aber die Nähte sind offen ... Für wie viel verkaufen Sie ihn?
Verkäufer: Sehen Sie, ich mache Ihnen einen guten Preis: 50 Euro!
Sabine: 50 Euro! Das ist ja teurer als in den Galeries Lafayette!

Miko:	Das ist dreimal zu teuer! Schade! Auf Wiedersehen!
Verkäufer:	Warten Sie, gehen Sie nicht weg, Sie können ihn für 48 Euro haben.
Miko:	Ich gebe Ihnen 40 Euro, nicht mehr!
Verkäufer:	42 und er gehört Ihnen.
Miko:	Hören Sie, das überlege ich mir noch!

Substantive mit unregelmäßiger Pluralbildung

Der Plural der Substantive wird im Allgemeinen durch ein angefügtes **s** kenntlich gemacht (vgl. L. 2).

Einige Substantive bilden den Plural nicht auf -**s**:

Wörter auf -**al**	le journ**al**	les journ**aux**	
auf -**au**	le noy**au**	les noy**aux**	(Kerne)
auf -**eau**	le chap**eau**	les chap**eaux**	
	le cad**eau**	les cad**eaux**	
	le bur**eau**	les bur**eaux**	
auf -**ail**	le trav**ail**	les trav**aux**	
auf -**eu**	le j**eu**	les j**eux**	(Spiele)
auf -**ou**	le gen**ou**	les gen**oux**	(Knie)

Setzen Sie die richtige Pluralform ein:

Übung 1

1. Nous organisons les voyage… d'affaires.

2. J'ai trente jour… de vacances par an.

3. L'agence a loué des bureau… à Marseille.

4. Il n'aime pas les jeu… de cartes (Kartenspiele).

5. On peut acheter des (journal)… anglais à Nice.

6. On m'a offert beaucoup de cadeau… pour mon anniversaire.

Lektion 24 — Übung, Grammatik

7. Il a acheté deux marteau… pour planter les piquets de tente.

8. Sabine et Miko ont acheté des chapeau… aux Puces.

Die Verneinung bei zusammengesetzten Zeiten

Tu as acheté quelque chose aux Puces?	Hast du etwas auf dem Flohmarkt gekauft?
Non, *je **n'**ai **rien** acheté.*	Nein, ich habe nichts gekauft.
Tu es venue en bus?	Bist du mit dem Bus gekommen?
Non, *je **ne** suis **pas** venue en bus.*	Nein, ich bin nicht mit dem Bus gekommen.

Die Verneinung besteht aus zwei Teilen, die das konjugierte Verb umschließen (vgl. L.6). Bei zusammengesetzten Zeiten, z. B. dem Perfekt, stehen diese beiden Teile vor und nach den konjugierten Hilfsverben **avoir** oder **être**.

Übung 2

Setzen Sie die Perfektformen nach folgendem Muster ein:

Je n'achète (acheté) rien aux Puces.
Je n'ai rien acheté aux Puces.

1. Elle ne prend pas le métro (pris).

．．．．．．．．．．．．．．．．．．．．．．．．．．．．．．．．．．．．．．

2. Il ne rencontre jamais Abel (rencontré).

．．．．．．．．．．．．．．．．．．．．．．．．．．．．．．．．．．．．．．

3. Tu ne téléphones plus à 11 heures (téléphoné).

．．．．．．．．．．．．．．．．．．．．．．．．．．．．．．．．．．．．．．

4. Elle ne met pas de jeans (mis).

．．．．．．．．．．．．．．．．．．．．．．．．．．．．．．．．．．．．．．

Übung | Lektion 24

5. Je ne vends rien (vendu).

....

6. Elle ne va pas à Londres (allé).

....

7. Nous n'arrivons pas lundi (arrivé).

....

8. Tu ne dis plus bonjour (dit).

....

9. Je ne travaille jamais le dimanche (travaillé).

....

10. Tu n'aimes pas ce film (aimé).

....

Ein Wort passt nicht in die Reihe. Kreuzen Sie es an: *Übung 3*

☐ cadeau	☐ chapeau	☐ marteau	☐ combien
☐ jeune	☐ drôle	☐ dommage	☐ cher
☐ essayer	☐ acheter	☐ soie	☐ mettre
☐ foulard	☐ glace	☐ pull	☐ jean
☐ grand-mère	☐ vendeur	☐ client	☐ marché

Übersetzen Sie: *Übung 4*

Ich möchte mich erst mal umsehen. Probieren Sie diesen Hut! Für wie viel verkaufen Sie ihn? Das ist zu teuer! Ich werde es mir überlegen.

....
....
....

Lektion 24 — Wortschatz, Landeskunde

Wortschatz

à merveille	ausgezeichnet
avant de	bevor
cadeau *m*	Geschenk
chacun(e)	jeder/jede
chapeau *m*	Hut
décousu	Naht aufgeplatzt
dommage	schade
drôle	ulkig
écouter	hören
faire un prix	einen guten Preis machen
faire un tour	sich umsehen
foulard *m*	Halstuch
les Puces *f pl*	Flohmarkt
glace *f*	Spiegel
grand-mère *f*	Großmutter
grand-père *m*	Großvater
jean *m*	Jeans
jeune	jung
la classe!	Klasse!
laisser pour	überlassen
les Galeries Lafayette	berühmtes Kaufhaus in Paris
même	gleich
oser	sich trauen
pas mal	nicht schlecht
pièce *f*	Stück
quand	als
réfléchir	überlegen
regarder	ansehen
ringard	altmodisch
sûr	sicher
vendeur *m*	Verkäufer
vraiment	echt / wirklich

Flohmärkte

In **Montreuil** und in **Saint Ouen** sind am Wochenende bekannte Pariser Flohmärkte. Die Flohmärkte haben in Montreuil samstags und sonntags morgens auf, in Saint Ouen samstags, sonntags und montags. Sie sind leicht mit der **métro** zu erreichen *(Saint Ouen: métro Porte de Clignancourt Endstation, Montreuil: métro Mairie de Montreuil)*.

Organiser un voyage d'affaires

25

Denis: Salut Sabine, le patron a décidé de nous envoyer cette année au Festival International du Film publicitaire qui a lieu à Cannes.
Sabine: A quelle date?
Denis: C'est du 19 au 24 juin. Tu dois t'occuper de réserver les billets d'avion et l'hôtel.
Sabine: Nous resterons combien de jours?
Denis: En tout quatre jours, on arrivera le samedi soir et on repartira le mercredi matin avec le premier vol sur Paris.

Denis sort du bureau, Sabine téléphone à un hôtel à Cannes.
Sabine: Allô! Sabine Dietz de l'agence Charrain, Paris. Je vous téléphone pour une réservation. Je voudrais deux chambres individuelles avec salle de bains, si possible côté cour, du 17 au 20 juin.
Réceptionniste: Nous sommes presque complet à cause du festival de pub, mais attendez un instant, je

▶

	vais regarder ce qu'il reste... Allô? Désolée, mais il nous reste deux chambres individuelles côté cour mais avec douche.
Sabine:	Vous n'avez plus du tout de chambre avec salle de bains?
Réceptionniste:	Si, mais ce sont des chambres pour deux personnes.
Sabine:	Alors réservez les deux chambres individuelles s'il vous plaît.
Réceptionniste:	D'accord. Il faut que vous nous confirmiez votre réservation par fax. Mentionnez s'il vous plaît votre heure d'arrivée approximative à l'hôtel.

Eine Geschäftsreise organisieren

Denis:	Hallo Sabine, der Chef hat beschlossen uns dieses Jahr zu den Internationalen Werbefilmtagen nach Cannes zu schicken.
Sabine:	Wann?
Denis:	Vom 19. bis 24. Juni. Du musst dich um die Flugtickets und die Hotelreservierung kümmern.
Sabine:	Wie viele Tage bleiben wir?
Denis:	Insgesamt vier Tage, wir kommen am Samstagabend an und fliegen am Mittwochmorgen mit der ersten Maschine nach Paris zurück.

Denis verlässt das Büro, Sabine ruft ein Hotel in Cannes an.

Sabine:	Guten Tag. Hier Sabine Dietz von der Agentur Charrain in Paris. Ich rufe Sie wegen einer Reservierung an. Ich möchte zwei Einzelzimmer mit Bad, vom 17. bis 20. Juni, wenn möglich zum Hof.
Empfangsdame:	Wir sind wegen der Werbefilmtage fast ausgebucht, aber warten Sie mal einen Moment, ich schaue nach, was wir noch haben... Hallo? Tut mir Leid, aber wir haben nur noch zwei Einzelzimmer mit Dusche, die zum Hof gehen.
Sabine:	Sie haben gar keine Zimmer mehr mit Bad?
Empfangsdame:	Doch, aber das sind Doppelzimmer.

▶

Sabine:	Dann buchen Sie bitte die beiden Einzelzimmer.
Empfangs-dame:	Gut. Sie müssen uns bitte Ihre Reservierung per Fax bestätigen. Geben Sie bitte an um wie viel Uhr Sie ungefähr im Hotel ankommen.

il faut que + Konjunktiv

Il faut que vous confirmiez votre réservation.
Sie müssen Ihre Reservierung bestätigen.

Nach **il faut que** steht auch in der gesprochenen Sprache das Verb des sich anschließenden Satzes im Konjunktiv. Konjunktiv steht auch nach der Konjunktion **pour que** (damit, auf dass).

Aufgepasst

Konjunktiv Präsens der Verben auf -er

*Il faut que **je** réserv**e** une chambre.*
*Il faut que **tu** téléphon**es** à Cannes.*
*Il faut qu'**elle** demand**e** un visa.*
*Il faut que **nous** arriv**ions** à 8 heures.*
*Il faut que **vous** confirm**iez** votre réservation.*
*Il faut qu'**ils** organis**ent** leur voyage.*

■ Merke:
Die Verben auf **-er** haben hier die gleichen Endungen wie im Präsens (vgl. Lektion 1) bis auf die Formen von **nous** und **vous.** Der **Konjunktivsatz** wird meist durch ein vorangestelltes **que** gekennzeichnet. Der deutsche Konjunktiv hat eine ganz andere Funktion.

Lektion 25 — Übung, Grammatik

Übung 1

Setzen den Konjunktiv Präsens nach folgendem Muster ein:

Il faut que (vous réserver) deux chambres. **Il faut que vous réserviez deux chambres.**

1. Il faut que (vous organiser) .... le voyage d'affaires.

2. Il faut que (vous téléphoner) .... à l'hôtel aujourd'hui.

3. Il faut que (vous arriver) .... samedi soir à Cannes.

4. Il faut que (vous rencontrer) .... vos clients lundi et mardi.

5. Il faut que (vous travailler) .... beaucoup le week-end.

---

il faut + Infinitiv , il faut que + Konjunktiv

Il faut **confirmer** votre réservation.
Il faut **que** vous confirm**iez** votre réservation.

Das unpersönliche Verb *il faut* (man muss, es ist erforderlich/nötig) kann mit einem **Infinitiv ohne Präposition** oder mit einem *que*-Satz im Konjunktiv gebraucht werden. Beide Konstruktionen sind gebräuchlich und haben die gleiche Bedeutung.

Übung 2

Formulieren Sie den Satz nach folgendem Muster um:

Il faut que nous arrivions le matin. **Il faut arriver le matin.**

1. Il faut que nous cherchions son numéro de téléphone.

   ....

Übung   Lektion 25

2. Il faut que nous demandions la date du festival.

....

3. Il faut que nous présentions notre agence.

....

4. Il faut que nous réservions deux chambres à l'hôtel.

....

5. Il faut que nous pensions à réserver le vol de retour.

....

Was sagen Sie, wenn Sie...

Übung 3

1. ... ein Doppelzimmer mit Bad möchten?
 a Je voudrais une chambre pour deux personnes avec salle de bains.
 b Je voudrais deux chambres avec douche.

2. ... von 14 bis 20 Juli buchen möchten?
 a quatorze à vingt juillet
 b du quatorze au vingt juillet

3. ... ein Zimmer zum Hof möchten?
 a côté rue
 b côté cour

4. ... Ihre Reservierung per Fax bestätigen?
 a Je vous envoie un fax.
 b Je vous confirme ma réservation par fax.

Übung 4

Setzen Sie *qui* oder *que* (vgl. Lektion 14, 21) in folgenden Sätzen ein:

1. C'est Sabine ...... téléphone à un hôtel à Cannes et ...... fait les réservations.

2. Denis et Sabine vont au festival International du Film publicitaire ...... a lieu tous les ans à Cannes.

3. Les chambres ...... Sabine a réservées sont avec douche.

4. Monsieur Charrain ...... est le directeur de l'agence, n'ira pas à Cannes.

5. C'est la secrétaire ...... a l'adresse ...... vous cherchez.

6. Le fax ...... vous avez envoyé hier est arrivé ce matin.

7. Ils aiment beaucoup le travail ...... ils font à l'agence.

8. Monsieur Hituschi? C'est un client ...... je n'ai pas encore rencontré.

9. C'est l'agence ...... payera tous les frais de voyage (Reisekosten).

10. Je n'ai pas trouvé le plan de Cannes ...... tu cherchais.

11. Ce n'est pas le coup de fil ...... j'attendais!

12. Tu connais ce collègue ...... travaille pour nous à Lyon?

Übung 5

Übersetzen Sie:

Hier Sabine Dietz von der Agentur Binet in Paris. Ich möchte zwei Einzelzimmer mit Bad reservieren, vom zweiten bis achten Mai. Ich muss meine Reservierung per Fax bestätigen.

....
....
....

Wortschatz — Lektion 25

à cause de	wegen	mentionner	angeben
approximatif	ungefähr	organiser	organisieren
arrivée *f*	Ankunft	par fax	per Fax
avion *m*	Flugzeug	plus du tout	gar nicht mehr
avoir lieu	stattfinden		
billet d'avion *m*	Flugticket	regarder	nachschauen
ce que	was	repartir	zurückfliegen, abfahren
cette année	dieses Jahr		
chambre individuelle *f*	Einzelzimmer	réservation *f*	Reservierung
		réserver	reservieren
chambre pour deux personnes *f*	Doppelzimmer	rester	(übrig) bleiben
		s'occuper de	sich kümmern um
complet	ausgebucht		
confirmer	bestätigen	salle de bains *f*	Bad
côté cour	zum Hof	si	doch
décider	beschließen	si possible	wenn möglich
désolé	tut mir Leid		
en tout	insgesamt	sortir (de)	verlassen
envoyer	schicken	vol aller *m*	Hinflug
heure *f*	Uhr(zeit)	vol *m*	Flug
il faut que vous	Sie müssen	vol retour *m*	Rückflug
		voyage d'affaires *m*	Geschäftsreise
instant *m*	Moment		

Test 5

1 Entscheiden Sie sich für eine der beiden Lösungen. Springen Sie dann zu dem durch die Nummer bezeichneten Feld.

2 Elle a mal ... tête.

à la ⇨ 8
au ⇨ 15

6 Falsch!

Wieder zurück zu Nummer 8.

7 Falsch!

Wieder zurück zu Nummer 4.

11 Falsch!

Wieder zurück zu Nummer 29.

12 Sehr gut, weiter:
Elle est ... en voiture

partie ⇨ 16
parti ⇨ 24

16 Gut, weiter:
Je n'ai rien ...

vendu. ⇨ 22
vendre. ⇨ 18

17 Falsch!

Wieder zurück zu Nummer 22.

21 Falsch!

Wieder zurück zu Nummer 13.

22 Richtig!
C'est la route va à Apt.

que ⇨ 17
qui ⇨ 19

26 Falsch!

Wieder zurück zu Nummer 30.

27 Gut, weiter:
Ils ... restés 3 jours.

ont ⇨ 23
sont ⇨ 12

Falsch! ieder zurück zu ummer 5.	**4** Gut weiter: Il y a ... place pour 2 tentes? de la ⇨ 20 du ⇨ 7	**5** Richtig, weiter: Vous payerez ... partant? ⇨ 3 en partant? ⇨ 13
Richtig, weiter: us restez ... jours? mbien ⇨ 6 mbien de ⇨ 25	**9** Falsch! Wieder zurück zu Nummer 25.	**10** Falsch! Wieder zurück zu Nummer 14.
Richtig! Weiter: sont ... à Arles. ⇨ 21 s ⇨ 29	**14** Sehr gut, weiter: J'ai acheté ... 2 chapeau ⇨ 10 2 chapeaux ⇨ 30	**15** Falsch! Wieder zurück zu Nummer 2.
Falsch! eder zurück zu ummer 16.	**19** Richtig! Ende der Übung	**20** Prima, weiter: C'est l'acteur ... je préfère. que ⇨ 5 qui ⇨ 28
Falsch! eder zurück zu ummer 27.	**24** Falsch! Wieder zurück zu Nummer 12.	**25** Sehr gut, weiter: Vous avez ... une voiture? loué ⇨ 14 louer ⇨ 9
Falsch! eder zurück zu ummer 20.	**29** Prima, weiter: Ca te va très ... bien. ⇨ 27 bon. ⇨ 11	**30** Richtig, weiter: C'est une ville ... j'adore. que ⇨ 4 qui ⇨ 26

LEKTION 26

A la plage

A Cannes plage de la Croisette.
Sabine: Tu devrais te mettre de la crème solaire.
Denis: Tu crois, pourquoi?
Sabine: Parce que tu as déjà un coup de soleil. Tu es tout rouge. On se fait bronzer depuis deux heures. On pourrait faire autre chose!

Denis: Il est presque trois heures, on pourrait prendre le bateau pour les îles de Lérins.
Sabine: Qu'est-ce qu'il y a à voir aux îles de Lérins?
Denis: Il y deux îles, Sainte-Marguerite et Saint-Honorat. C'est très calme. On pourrait faire une balade dans la forêt d'eucalyptus et visiter le monastère.
Sabine: La traversée dure longtemps?
Denis: Non, 20 minutes ou une demi-heure.

Sabine: Bon, je retourne me changer à l'hôtel, tu passeras me chercher dans une heure?
Denis: D'accord, je t'attendrai dans le hall.

Am Strand

In Cannes, Plage de la Croisette.
Sabine: Du solltest dich mit Sonnencreme einreiben.
Denis: Meinst du? Wieso?
Sabine: Weil du schon einen Sonnenbrand hast. Du bist ganz rot. Seit zwei Stunden liegen wir hier in der Sonne. Wir könnten mal was Anderes unternehmen!
Denis: Es ist fast drei Uhr, wir könnten mit dem Schiff zu den Iles de Lérins fahren.
Sabine: Was gibt es auf den Iles de Lérins zu sehen?
Denis: Es gibt zwei Inseln, Sainte-Marguerite und Saint-Honorat, es ist sehr ruhig dort. Wir könnten im Eukalyptuswald spazieren gehen und das Kloster besichtigen.
Sabine: Dauert die Überfahrt lange?
Denis: Nein, 20 Minuten oder eine halbe Stunde.
Sabine: Gut, dann gehe ich zum Hotel zurück und ziehe mich um. Holst du mich in einer Stunde ab?
Denis: Einverstanden, ich warte in der Empfangshalle auf dich.

Das Wetter

Quel temps fait-il?	Wie ist das Wetter?
Il fait beau (temps).	Es ist schönes Wetter.
Il fait mauvais temps.	Es ist schlechtes Wetter.
Il fait du soleil.	Es ist sonnig.
Il fait du vent.	Es ist windig.
Il fait chaud.	Es ist warm.
Il fait froid.	Es ist kalt.
Il pleut.	Es regnet.
Le temps est nuageux.	Es ist bewölkt.

Lektion 26　　　　　　　　　　　　　　　　　　　　　　　　　　Grammatik

Der Konditional Präsens

J'aimerais aller à Nice.	Ich würde gern nach Nizza fahren.
Je voudrais parler à Dominique.	Ich möchte Dominique sprechen.
On pourrait prendre le bateau.	Wir könnten mit dem Boot fahren.

Bei bestimmten Höflichkeitsformeln verwendet man immer den Konditional, z.B. *j'aimerais, je voudrais*. Der Konditional *(conditionnel)* wird auch gebraucht um einen höflichen Vorschlag zu formulieren, z.B. *on pourrait* (man könnte).

pouvoir (können)

Präsens
je peux	*nous pouvons*
tu peux	*vous pouvez*
il / elle peut	*ils / elles peuvent*

Perfekt
j'ai pu usw.

Imperfekt
je pouvais	*nous pouvions*
tu pouvais	*vous pouviez*
il / elle pouvait	*ils / elles pouvaient*

Futur
je pourrai	*nous pourrons*
tu pourras	*vous pourrez*
il / elle pourra	*ils / elles pourront*

Konditional
je pourrais	*nous pourrions*
tu pourrais	*vous pourriez*
il / elle / on pourrait	*ils / elles pourraient*

Grammatik, Übung — Lektion 26

Der Konditional Präsens der Verben auf -er

aimer
j'aime**rais**
tu aime**rais**
il / elle aime**rait**

nous aime**rions**
vous aime**riez**
ils / elles aime**raient**

■ Merke:
Grundsätzlich haben alle Verben im Konditional folgende Endungen: **-rais, -rais, -rait, -rions, -riez, -raient.** Die Formen der Verben auf **-er** und (einige) auf **-ir** werden von der 1. Person Singular Präsens (Indikativ) abgeleitet **(j'aime).**

Setzen Sie den Konditional Präsens ein:

Übung 1

1. Nous (pouvoir) .... prendre le bateau vers 4 heures.
2. On (pouvoir) .... faire une balade dans la forêt.
3. Vous (pouvoir) .... me téléphoner mercredi?
4. Je (pouvoir) .... passer vous chercher à l'hôtel.
5. Tu (pouvoir) .... me rendre un service?
6. J'(aimer) .... aller au concert avec toi.
7. Qu'est-ce que tu (aimer) .... comme cadeau pour ton anniversaire?
8. Vous (aimer) .... aller dans un restaurant japonais?
9. Nous (aimer) .... louer une petite voiture.
10. Elle (aimer) .... aller au Japon l'année prochaine.

Übung 2

Setzen Sie die passenden Objektpronomen (vgl. L. 10, 11) ein:

1. Vous connaissez ce pays? Oui, je .... connais bien.

2. Vous avez déjà parlé à Monsieur Charrain? Non, je ne .... ai pas encore parlé.

3. Tu feras ton voyage en Argentine en mai? Non, je ne peux pas partir en mai, je .... ferai en juillet.

4. Où est-ce que tu as oublié tes lunettes? Je .... ai oubliées dans le train au wagon-restaurant.

5. Tu as lu le dernier roman de Milan Kundera? Non, je ne .... ai pas encore lu.

6. Vous avez loué cette voiture pour combien de temps? Nous .... avons louée pour une semaine.

7. Vous aimez la Côte d'Azur? Je ne .... connais pas!

8. Tu connais les acteurs de ce film? Oui, je .... connais tous!

9. Tu as demandé à Sabine et à Denis de venir à quelle heure? Je .... ai demandé de venir à 8 heures.

10. Denis est arrivé au bureau? Je ne sais pas, je ne .... ai pas encore vu.

11. Tu as acheté les journaux pour Miko? Oui, je .... ai achetés hier à la gare.

Übung 3

Ein Wort passt nicht in die Reihe. Kreuzen Sie es an:

☐ plage	☐ bronzer	☐ soleil	☐ neige
☐ Marseille	☐ Cannes	☐ Paris	☐ Nice
☐ lavande	☐ eucalyptus	☐ rose	☐ fleur
☐ traversée	☐ réunion	☐ voyage	☐ balade
☐ rouge	☐ vert	☐ blanc	☐ malade

Übung, Wortschatz — Lektion 26

Übung 4

Übersetzen Sie:

Wie ist das Wetter? Es ist schön, ich möchte zum Strand gehen. Ich auch, aber zuerst muss ich zur Bank (la banque) gehen um Geld zu wechseln (changer de l'argent). Einverstanden, ich hole dich in einer Stunde ab.

....
....
....
....
....
....
....
....

Wortschatz

balade f	Spaziergang	**monastère** m	Kloster
calme	ruhig	**on pourrait**	wir könnten
coup de soleil m	Sonnenbrand	**(pouvoir)**	
crème solaire f	Sonnencreme	**parce que**	weil
croire	glauben	**passer chercher**	abholen
durer	dauern	**plage** f	Strand
eucalyptus m	Eukalyptus	**pourquoi**	warum
faire autre chose	etwas Anderes unternehmen	**prendre le bateau**	mit dem Boot fahren
faire une balade	spazieren gehen	**retourner**	zurückgehen
forêt f	Wald	**se changer**	sich umziehen
attendre	warten	**se faire bronzer**	in der Sonne liegen
hall m	Halle		
île f	Insel	**se mettre**	sich einreiben
longtemps	lange	**traversée** f	Überfahrt
		visiter	besichtigen

DEUX-CENT-TRENTE ET UNE

Lektion 26 — Wortschatz

Zusatzwortschatz

chaise longue *f*	Liegestuhl
lunettes de soleil *f pl*	Sonnenbrille
maillot (de bain) *m*	Badeanzug / Badehose
parasol *m*	Sonnenschirm
planche à voile *f*	Surfbrett
sable *m*	Sand
vague *f*	Welle

Réunion de travail

27

A l'hôtel au petit déjeuner.

Denis: J'ai préparé une liste. Voilà ce que nous avons à faire au Festival de pub demain et après-demain.

Sabine: Le comité d'organisation du Festival m'a envoyé l'ordre du jour détaillé. On l'a déjà lu, les rendez-vous sont déjà fixés. M. Meyer de Munich m'a laissé un message à la réception cet après-midi, il a décalé notre rendez-vous. Je le verrai juste avant de partir.

Denis: Il s'agit de la troisième prise de contact avec lui. Je compte sur toi pour rentrer à Paris avec le contrat en poche!

Sabine: Je ne pense pas qu'il se décide aussi vite. Je voudrais faire un rapport au patron, tu m'aideras à le rédiger?

Denis: Tu peux le préparer et on le relira dans l'avion en rentrant à Paris. Le patron veut un rapport détaillé sur le projet de campagne publicitaire pour la société Meyer qui devrait démarrer en octobre dans la presse spécialisée française.

AVRIL

LUNDI 15	MARDI 16	MERCREDI 17	JEUDI 18	VENDREDI 19	SAMEDI 20	DIMANCHE 21
Cannes Festival du Film Publicitaire	14⁰⁰ 18⁰⁰ R.V. M. Meyer	Retour à Paris	Rapport à M. Chauvain	Contrat		

Lektion 27 — Dialog, Grammatik

Arbeitstreffen

Im Hotel beim Frühstück.

Denis: Ich habe eine Liste vorbereitet. Das ist alles, was wir morgen und übermorgen während der Werbefilmtage zu erledigen haben.

Sabine: Der Veranstalter hat mir eine ausführliche Tagesordnung zugeschickt. Wir haben sie gelesen, die Termine stehen fest. Heute Nachmittag hat mir Herr Meyer aus München eine Nachricht am Hotelempfang hinterlassen, er hat unser Treffen verschoben. Ich werde ihn kurz vor unserer Abreise sehen.

Denis: Wir nehmen jetzt schon zum dritten Mal Kontakt mit ihm auf. Ich verlasse mich auf dich, dass wir mit dem unterschriebenen Vertrag in der Tasche nach Paris zurückkommen!

Sabine: Ich glaube nicht, dass er sich so schnell entscheidet. Ich möchte einen Bericht für den Chef schreiben, hilfst du mir dabei?

Denis: Du kannst ihn schon vorbereiten und wir werden ihn auf dem Rückflug nach Paris noch einmal lesen. Der Chef will einen ausführlichen Bericht über die geplante Werbekampagne für die Firma Meyer, die im Oktober in der französischen Fachpresse starten soll.

Das Relativpronomen *ce que* (was)

*Voilà tout **ce que** nous avons à faire.*	Das ist alles, was wir zu erledigen haben.
*Il fait **ce que** tu veux.*	Er macht (das), was du willst.
*Voilà **ce que** tu cherches.*	Das ist, was du suchst.

Das Relativpronomen **ce que** bezieht sich auf etwas Unbestimmtes. **ce que** ist eine direkte Objektergänzung und leitet einen Relativsatz ein.

Grammatik, Übung   Lektion 27

Zeitangaben

On a rendez-vous **à 9 heures.**	um 9 Uhr
Aujourd'hui c'est **le 28 mai.**	(vgl. Lektion 13)
Le festival de jazz est **en été.**	im Sommer
Le festival est **en juillet.**	im Juli
Le festival est **au mois de juillet.**	im Monat Juli
Je le rencontre **demain.**	morgen
Je le rencontre **demain matin.**	morgen früh
Je pars **après-demain.**	übermorgen
Il est parti **hier.**	gestern
Il est parti **hier après-midi.**	gestern Nachmittag
Ils travaillent **toute la journée.**	den ganzen Tag
Elle arrive **mardi.**	am Dienstag
Il arrive **samedi matin.**	Samstagmorgen
J'ai cours **lundi après-midi.**	Montagnachmittag
On va au concert **dimanche soir.**	Sonntagabend
Qu'est-ce que tu fais **cet après-midi?**	heute Nachmittag
Qu'est-ce que tu fais **ce matin?**	heute Morgen
Qu'est-ce que tu fais **ce soir?**	heute Abend
Je fais du sport **le lundi.**	montags
Elle fait du sport **pendant** les vacances.	während
Je vais en Normandie **à Pâques.**	an Ostern
On fait du ski **à Noël.**	an Weihnachten

Vervollständigen Sie den Dialog:

Übung 1

1. Tu pars quand à Nice? **a** Demain . . . .

2. A . . . . . . heure? **b** . . . . . . 9 heures.

3. Tu restes . . . . de temps? **c** Tout . . . . week-end.

4. Tu rentres . . . .? **d** Dimanche . . . . ou lundi . . . .

5. Et mardi tu peux aller au cinéma? **e** Non, ... je fais du sport.

Lektion 27 — Übung

Übung 2

Übersetzen Sie die Zeitangaben im Text:

1. Le Festival du film publicitaire a lieu à Cannes .... (im Juni).
2. J'ai oublié ce que le patron m'a dit .... (gestern).
3. Il arrivera en train .... (Freitag abend).
4. Nous avons rendez-vous avec Monsieur Meyer .... (morgen früh).
5. On préparera la réunion .... (den ganzen Tag).
6. Tu as rendez-vous à quelle heure? .... (Um 10 Uhr).
7. Qu'est-ce que tu fais .... (heute nachmittag)?
8. Je vais à la plage et .... (abends) au cinéma.

Übung 3

Ergänzen Sie den Text mit dem passenden Wort:

rapport / rendez-vous / campagne / rentrant / qui / en / l'ordre / décaler

J'ai lu .... du jour. Tous nos .... sont fixés, mais notre client allemand a téléphoné pour .... son rendez-vous. J'ai préparé un .... sur le projet de .... publicitaire .... devrait démarrer .... octobre dans la presse. Tu pourrais relire mon texte? Je le relirai dans l'avion en .... à Paris.

Übung 4

Ein Wort passt nicht in die Reihe. Welches?

☐ téléphoner	☐ joindre	☐ rappeler	☐ liste
☐ ce que	☐ qui	☐ hier	☐ que
☐ pendant	☐ agence	☐ firme	☐ société
☐ publicité	☐ hôtel	☐ projet	☐ marketing
☐ contrat	☐ client	☐ réunion	☐ calme

Übung, Wortschatz   Lektion 27

Übung 5

Übersetzen Sie:

Wir müssen (il faut que + Konjunktiv) alle unsere Termine verschieben. Sabine wird erst (seulement) am Montag ankommen. Sie ist am Wochenende nach Bordeaux gefahren um einen Kunden zu besuchen.

....
....
....
....

Wortschatz

après-demain	übermorgen	message *m*	Nachricht
avoir à faire	erledigen müssen	ordre du jour *m*	Tagesordnung
campagne publicitaire *f*	Werbekampagne	penser	denken
comité d'organisation *m*	Veranstalter	poche *f*	Tasche
		préparer	vorbereiten
		presse spécialisée *f*	Fachpresse
compter sur	sich verlassen auf	prise de contact *f*	Kontaktaufnahme
contrat *m*	Vertrag	projet *m*	Projekt
décaler	verschieben	pub (publicité) *f*	Werbung
demain	morgen		
démarrer	starten / beginnen	rapport *m*	Bericht
détaillé	ausführlich	rédiger	verfassen / schreiben
devrait (devoir)	sollte		
en poche	in der Tasche	relire	(noch einmal) lesen
en rentrant dans l'avion	auf dem Rückflug		
fixé	festgelegt	rendez-vous *m*	Termin / Verabredung
aider à	helfen bei		
je le verrai (voir)	ich werde ihn sehen	réunion de travail *f*	Arbeitstreffen
laisser	hinterlassen	se décider	sich entscheiden
liste *f*	Liste	vite	schnell

Zusatzwortschatz

Ascension (l') *f*	Christi Himmelfahrt
Assomption (l') *f*	Maria Himmelfahrt
congés payés *m pl*	bezahlter Urlaub
contrat de travail *m*	Arbeitsvertrag
durée *f*	Dauer
Fête Nationale *f*	Nationalfeiertag
fonctionnaire *m f*	Beamte / Beamtin
grève *f*	Streik
Jour de l'An (le)	Neujahr(stag)
jour férié *m*	Feiertag
lundi de Pâques *m*	Ostermontag
lundi de la Pentecôte *m*	Pfingstmontag
Nouvel An (le)	Neujahr(stag)
Pentecôte (la)	Pfingsten
salaire *m*	Lohn
service *m*	Abteilung
service du personnel *m*	Personalabteilung
société *f*	Firma
Toussaint (la)	Allerheiligen

A la recherche d'un emploi

28

Dans l'appartement des Rougier rue de Fleurus.

Caroline: Sabine, as-tu déjà pris une décision à propos de ta date de retour à Munich?

Sabine: Je termine mon stage cette semaine à l'agence. Je voulais vous demander si je pouvais rester encore à Paris au mois d'août?

Caroline: Il faut que je demande à Michel, mais je pense que ça ne pose pas de problème. Je ne serai pas là en août à cause des vacances scolaires. Qu'est-ce que tu comptes faire à Paris en aôut?

Sabine: Je vais chercher du travail. J'aimerais passer une petite annonce dans le journal, j'ai déjà préparé le texte, vous pouvez m'aider pour les abréviations?

Caroline: D'accord! Montre-moi ton texte: »Jeune fille (J. F.) parlant couramment anglais, allemand, français cherche (ch) emploi temporaire de secrétaire à Paris en août.« Je te conseille de faire passer ton annonce le plus vite possible pour que tu aies une réponse avant la fin du mois de juillet.

Lektion 28 — Dialog, Grammatik

Auf Arbeitssuche

In der Wohnung von Rougiers in der Rue de Fleurus.

Caroline: Sabine, weißt du schon, wann du nach München zurückgehen willst?

Sabine: Diese Woche beende ich mein Praktikum. Ich wollte Sie fragen, ob ich im August noch in Paris bleiben kann.

Caroline: Ich muss mal Michel fragen, aber ich denke, dass das kein Problem ist. Wegen der Schulferien bin ich im August nicht in Paris. Was willst du denn im August in Paris machen?

Caroline: Ich will mir eine Arbeit suchen. Ich möchte gerne eine Anzeige in der Zeitung aufgeben. Ich habe den Text schon vorbereitet, können Sie mir bei den Abkürzungen helfen?

Caroline: Sicher! Zeige mal deinen Text: »Junge Frau, fließend Englisch, Deutsch, Französisch, sucht im August Stelle als Aushilfssekretärin in Paris«. Ich rate dir deine Anzeige so schnell wie möglich aufzugeben, damit du vor Ende Juli eine Antwort bekommst.

Imperfekt von pouvoir und vouloir

pouvoir (können)

je pouvais
tu pouvais
il / elle pouvait
nous pouvions
vous pouviez
ils / elles pouvaient

vouloir (wollen)

je voulais
tu voulais
il / elle voulait
nous voulions
vous vouliez
ils / elles voulaient

Grammatik, Übung Lektion 28

Gebrauch von Perfekt und Imperfekt

Mit dem Imperfekt (vgl. Lektion 18) werden Handlungen und Ereignisse ausgedrückt, die sich in der Vergangenheit wiederholten oder länger andauerten. Das Perfekt (vgl. Lektion 3, 5, 7) dient zur Beschreibung von Vorgängen von begrenzter Dauer.

Vergleichen Sie:
*Chez Charrain je **travaillais** beaucoup.*
Bei Charrain arbeitete ich viel.
*Aujourd'hui j'**ai** beaucoup **travaillé**.*
Heute habe ich viel gearbeitet.
*Il **téléphonait** toujours à 8 heures.*
Er rief immer um 8 Uhr an.
*Il **a téléphoné** trois fois aujourd'hui.*
Heute hat er dreimal angerufen.
*Elle **est allée** trois fois à Amsterdam en un an.*
Sie ist dreimal in einem Jahr nach Amsterdam gefahren.
*Je **voulais** te téléphoner hier, j'**ai essayé** trois fois.*
Ich wollte dich gestern anrufen, ich habe es dreimal probiert.

Übung 1

Machen Sie Vorschläge! Bilden Sie die Imperfektform:

1. Si on (aller) .... aux Etats-Unis cet été?

2. Si tu (chercher) .... du travail dans un hôtel?

3. Si vous (rester) .... encore un an à Paris?

4. Si je (offrir) .... un disque compact à Caroline?

5. Si tu (passer) .... ton annonce dans deux journaux?

Lektion 28 Übung

Übung 2

Bilden Sie die Perfektform mit *être*:

1. Il (arriver) .... à Cannes lundi soir.
2. Nous (aller) .... dimanche à un concert de rock au »Zénith«.
3. Elle (rester) .... six mois dans l'agence.
4. Ils (rentrer) .... en train à Paris.
5. Je (venir) .... en France pour chercher du travail.

Übung 3

Setzen Sie die Perfekt- und die Imperfektformen ein:

1. Quand Sabine (arriver/Perfekt) .... en France, elle (parler/Imperfekt) .... un peu de français.

2. Quand Sabine (rencontrer/Perfekt) .... Denis dans le TGV, elle (chercher/Imperfekt) .... du travail.

3. Elle (téléphoner/Perfekt) .... à l'agence. Elle (dire/Perfekt) .... qu'elle (être/Imperfekt) .... secrétaire.

4. Sabine (rencontrer/Perfekt) .... Abel au Zénith. C' (être/Imperfekt) .... en avril.

5. Denis et Sabine (louer/Perfekt) .... une voiture qui (consommer/Imperfekt) .... peu d'essence.

6. Ils (téléphoner/Perfekt) .... à un mécanicien qui (remorquer/Perfekt) .... la Clio en panne.

7. Quand Sabine (aller/Perfekt) .... chez le médecin, elle (avoir/Imperfekt) .... mal à la tête.

Übung   Lektion 28

8. Les Rougier (inviter/Perfekt) .... Sabine en Provence. Elle (ne pas connaître/Imperfekt) .... cette région.

9. Sabine et Miko (aimer/Imperfekt) .... beaucoup aller aux Puces. Miko (acheter/Perfekt) .... des souvenirs.

10. Avant de partir à Cannes, Sabine (réserver/Perfekt) .... deux chambres à l'hôtel qui (être/Imperfekt) .... presque complet.

11. A Cannes il (faire/Imperfekt) .... beau temps, Sabine et Denis (aller/Perfekt) .... à la plage.

12. Le client de l'agence (oublier/Perfekt) .... son rendez-vous avec Sabine qui (attendre/Imperfekt) .... son coup de fil à l'hôtel.

Ein Wort passt nicht in die Reihe. Kreuzen Sie es an:

Übung 4

☐ emploi   ☐ travail   ☐ stage   ☐ réponse

☐ revenir   ☐ retour   ☐ rentrer   ☐ partir

☐ on   ☐ SNCF   ☐ SVP   ☐ CV

☐ à propos de   ☐ pour   ☐ sur   ☐ il y a

☐ répondre   ☐ dire   ☐ demander   ☐ lire

Übersetzen Sie:

Übung 5

Ich möchte eine Anzeige aufgeben um Arbeit zu finden: »Junge Frau, fließend Englisch, Französisch, Deutsch, sucht im Juli Stelle als Aushilfssekretärin in Paris.«

....
....
....

Wortschatz

à cause de	wegen
à propos de	hinsichtlich
abréviation *f*	Abkürzung
avoir une réponse	eine Antwort bekommen
compter faire	machen wollen
conseiller de	raten zu
décision *f*	Entscheidung
demander à	fragen
emploi *m*	Stelle
le plus vite possible	so schnell wie möglich
montrer	zeigen
passer une annonce	eine Anzeige aufgeben
poser un problème	problematisch sein
recherche d'un emploi *f*	Arbeitssuche
répondre	antworten
réponse *f*	Antwort
retour *m*	Rückkehr
si	ob
stage *m*	Praktikum
temporaire	auf Zeit / Aushilfs…
terminer	beenden
texte *m*	Text
vacances scolaires *f pl*	Schulferien

Ferien in Frankreich

Die meisten Franzosen machen nach wie vor einen längeren Urlaub im Juli oder August. Viele Betriebe und die Schulen sind im Sommer geschlossen. Frankreich ist geographisch in drei Zonen geteilt, in denen die Schulferien (ausgenommen die Sommerferien) zu verschiedenen Zeiten beginnen. Es gibt keine Pfingstferien in der Schule.

Adieux à l'aéroport

29

Sabine: C'est gentil de m'avoir accompagné à Roissy en R.E.R.

Denis: Avec la quantité impressionnante de bagages que tu as, j'aurais mieux fait de t'accompagner jusqu'à Munich!

Sabine: J'ai dû payer un supplément pour l'enregistrement!

Denis: Ça ne m'étonne pas! La famille et les amis vont crouler sous les cadeaux! Nous sommes en avance mais tu avais tellement peur de rater ton avion. On a largement le temps d'aller prendre un pot avant ton départ.

Sabine: C'est vrai, le vol pour Munich n'est pas encore affiché. Je voulais te remercier encore une fois pour tout ce que tu as fait pour moi à Paris.

Denis: Tu exagères! Tu t'es très bien débrouillée!

Lektion 29 — Dialog

> *Sabine:* J'ai invité toute la famille Rougier pour Noël à Munich. J'aimerais bien que tu viennes me voir avant!
>
> *Denis:* Avec plaisir! J'ai changé ma destination vacances, je laisse tomber la Guadeloupe. Je préfère aller te voir en Bavière en septembre!

Abschied am Flughafen

Sabine: Das ist nett von dir, dass du mich in der S-Bahn zum Flughafen begleitet hast.

Denis: Bei der beeindruckenden Menge von Gepäck, die du hast, wäre es fast besser gewesen dich bis München zu begleiten!

Sabine: Beim Check-in habe ich für das Gepäck nachzahlen müssen!

Denis: Das wundert mich nicht! Die Familie und die Freunde werden sich vor Geschenken kaum retten können! Wir sind zu früh da, aber du hattest ja Angst, dein Flugzeug zu verpassen! Wir haben genug Zeit vor deinem Abflug noch etwas zu trinken!

Sabine: Das stimmt, der Flug nach München steht noch gar nicht auf der Anzeigetafel. Ich wollte mich noch einmal bei dir bedanken für alles, was du für mich in Paris getan hast.

Denis: Du übertreibst! Du hast deine Sache sehr gut gemacht!

Sabine: Ich habe die ganze Familie Rougier zu Weihnachten nach München eingeladen. Ich würde dich gerne vorher sehen!

Denis: Mit Vergnügen! Ich habe mein Urlaubsziel geändert, ich fahre nicht nach Guadeloupe. Ich komme lieber im September nach Bayern um dich zu besuchen.

Der Gebrauch des Konjunktiv Präsens

j'aimerais que tu viennes me voir
ich würde mich freuen, wenn du mich besuchen kommst
(besuchen kommen würdest/kämest); vgl. auch Lektion 25.

Der Konjunktiv Präsens *(subjonctif)* steht im Französischen nach folgenden Verben:

a) Verben des Wünschens, Verlangens
aimer que	(es) gern haben (dass)
vouloir que	wollen (dass)
préférer que	vorziehen (dass)

Der einleitende Satz und der *que*-Satz müssen bei dieser Konstruktion verschiedene Subjekte haben.

b) *être* + Adjektiv
être content que   sich freuen (dass)

c) nach unpersönlichen Ausdrücken
il faut que   es ist nötig, man muss

d) nach bestimmten Konjunktionen
pour que	damit, um ... zu ...
avant que	bevor

e) Mit manchen Verben wird nur dann der Konjunktiv gebraucht, wenn sie **verneint** werden, so bei **croire** und **penser**:
Je crois/pense qu'il **vient** ce soir.
Je ne crois pas/Je ne pense pas qu'il **vienne** ce soir.

Konjunktiv Präsens der unregelmäßigen Verben

avoir (haben)
que **j'aie**	que **nous ayons**
que **tu aies**	que **vous ayez**
qu'**il** / qu'**elle ait**	qu'**ils** / qu'**elles aient**

être (sein)
que **je sois**
que **tu sois**
qu'**il** / qu'**elle soit**
que **nous soyons**
que **vous soyez**
qu'**ils** / qu'**elles soient**

aller (gehen)
que **j'aille**
que **tu ailles**
qu'**il** / qu'**elle aille**
que **nous allions**
que **vous alliez**
qu'**ils** / qu'**elles aillent**

faire (machen)
que **je fasse**
que **tu fasses**
qu'**il** / qu'**elle fasse**
que **nous fassions**
que **vous fassiez**
qu'**ils** / qu'**elles fassent**

venir (kommen)
que **je vienne**
que **tu viennes**
qu'**il** / qu'**elle vienne**
que **nous venions**
que **vous veniez**
qu'**ils** / qu'**elles viennent**

Übung 1

Setzen Sie die Konjunktivformen nach folgendem Muster ein:

J'aimerais que tu (passer) me chercher à l'hôtel. **J'aimerais que tu passes me chercher à l'hôtel.**

1. Je voudrais que tu (faire) .... ton rapport aujourd'hui.

2. Je préfère que tu (venir) .... me voir à Pâques.

3. Je ne crois pas que tu (être) .... malade.

4. Il aimerait qu'elle (aller) .... avec lui au Japon.

5. On voudrait que les enfants (faire) .... plus de sport cet été.

Übung   Lektion 29

Übung 2

Setzen Sie die Konjunktivformen ein:

1. Il faut que je (faire) .... un test avant de m'inscrire au cours de langue.
2. Il faut que tu (aller) .... chercher Sabine à la gare à 8 heures.
3. Il faut que nous (être) .... à l'aéroport une heure avant le départ.
4. Il faut que vous (venir) .... au Festival du théâtre avec nous.
5. Il faut que tu (chercher) .... son numéro de téléphone.

Übung 3

Setzen Sie die Konjunktivformen ein:

1. Il faut organiser la réunion avant que les clients (arriver) ....
2. J'ai loué une voiture pour que nous (partir) .... en Provence.
3. Il faut qu'elle (parler) .... anglais pour faire ce travail.
4. Il faut que vous (être) .... toute la journée au bureau lundi.
5. On fait les réservations cette semaine pour que vous (avoir) .... les billets d'avion.

Übung 4

Ein Wort passt nicht in die Reihe. Kreuzen Sie es an:

☐ R.E.R.	☐ métro	☐ voiture	☐ Noël
☐ enregistrement	☐ cadeau	☐ aéroport	☐ bagages
☐ Italie	☐ Bavière	☐ Provence	☐ Normandie
☐ rentrer	☐ payer	☐ partir	☐ arriver
☐ Bavière	☐ Guadeloupe	☐ Provence	☐ Normandie

DEUX-CENT-QUARANTE-NEUF

Lektion 29 — Wortschatz, Landeskunde

Wortschatz

accompagner	begleiten
adieux *m pl*	Abschied
aéroport *m*	Flughafen
aller voir	besuchen
avec plaisir	mit Vergnügen
avoir le temps de	Zeit haben (etwas zu tun)
carte d'embarquement *f*	Bordkarte
changer	ändern
crouler sous	zusammenbrechen unter der Last
destination *f*	Ziel
enregistrement *m*	Check-in
exagérer	übertreiben
gentil	nett
impressionnant	beeindruckend
inviter	einladen
j'aurais mieux fait de	es wäre besser gewesen, wenn ich
jusqu'à	bis
la Bavière	Bayern
laisser tomber	fallen lassen
largement	reichlich
Noël *m*	Weihnachten
passager *m*	Reisende/er
payer un supplément	nachzahlen
porte *f*	Ausgang
prendre un pot	etwas trinken (gehen)
quantité *f*	Menge
remercier	bedanken
se débrouiller	seine Sache gut machen
vacances *f pl*	Urlaub
vol *m* pour	Flug nach

Am Flughafen

Les passagers du vol LH 308 pour Munich sont priés de se rendre à la porte 3, embarquement immédiat. Letzter Aufruf: Die Passagiere des Fluges LH 308 nach München werden gebeten sich umgehend zum Ausgang 3 zu begeben.

Cartes postales

LEKTION 30

Chère Sabine,
Je me sens bien seul à l'agence depuis ton départ. C'est une anglaise qui t'a remplacée. J'en ai assez d'être à Paris et je compte les jours qui nous séparent. Encore une petite semaine et je retrouverai ton sourire! J'ai décidé de me mettre à l'allemand, si tu pouvais me trouver une école de langues sympa à Munich je prolongerais volontiers mon séjour. Je t'embrasse.
Denis

Chère Sabine,
Madame Rougier a fini par me donner ton adresse, mais ça a été dur! Je suis toujours amoureux de toi, j'attendrai ton retour. Méfie-toi de Denis, j'ai appris qu'il sort avec la nouvelle stagiaire!
Mille baisers!
Abel

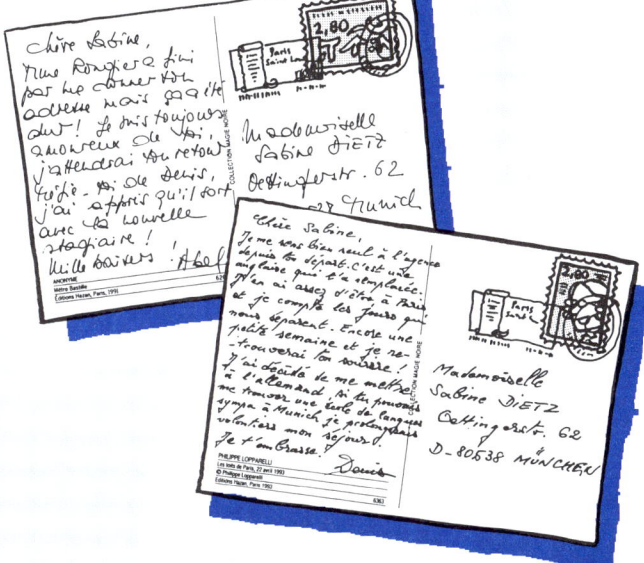

Lektion 30   Dialog, Grammatik

Postkarten

Liebe Sabine,
seit deiner Abreise fühle ich mich sehr einsam in der Agentur. Deine Nachfolgerin ist eine Engländerin. Ich habe keine Lust mehr in Paris zu sein und zähle die Tage, bis wir uns wiedersehen (die uns trennen). Noch eine (kurze) Woche und ich sehe dein Lächeln wieder! Ich habe mich entschlossen Deutsch zu lernen. Wenn du eine nette Sprachenschule in München für mich finden könntest, würde ich gerne meinen Aufenthalt verlängern. Ich umarme dich.
               Denis

Liebe Sabine,
endlich hat mir Madame Rougier deine Adresse gegeben, aber es war nicht einfach! Ich liebe dich immer noch und warte auf deine Rückkehr. Nimm dich vor Denis in Acht, ich habe gehört, dass er ein Techtelmechtel mit der neuen Praktikantin hat.
Tausend Küsse.
   Abel

Wie schreibe ich auf Französisch an Freunde?

Anrede

Cher ami	(Mon) cher Denis
Chère amie	(Ma) chère Caroline
Chers amis	Chers tous (Ihr Lieben!)

Schlussformeln

amicalement	mit freundlichen Grüßen
(toutes) nos amitiés	freundliche Grüße
bons baisers / grosses bises	herzliche Grüße
nous vous embrassons / affectueusement	liebe Grüße

... en attendant le plaisir de vous lire...
... nous espérons avoir bientôt de vos nouvelles
Wir freuen uns, bald von euch / Ihnen zu hören.

Grammatik — Lektion 30

Die wichtigsten unregelmäßigen Verben (1. Teil)

Präsens

aller	faire	pouvoir	vouloir	devoir
je vais	fais	peux	veux	dois
tu vas	fais	peux	veux	dois
il / elle va	fait	peut	veut	doit
nous allons	faisons	pouvons	voulons	devons
vous allez	faites	pouvez	voulez	devez
ils / elles vont	font	peuvent	veulent	doivent

Partizip Perfekt

allé	fait	pu	voulu	dû

Präsens

prendre	venir	mettre	avoir	être
je prends	viens	mets	j'ai	suis
tu prends	viens	mets	as	es
il / elle prend	vient	met	a	est
nous prenons	venons	mettons	avons	sommes
vous prenez	venez	mettez	avez	êtes
ils / elles prennent	viennent	mettent	ont	sont

Partizip Perfekt

pris	venu	mis	eu	été

Perfekt + *avoir*

j'ai pris, tu as pris, il/ elle a pris
nous avons pris, vous avez pris, ils/elles ont pris

+ *être*

je suis allé(e), tu es allé(e), il est allé, elle est allée, nous sommes allés/allées, vous êtes allé(e)/allé(e)s, ils sont allés/ elles sont allées

■ Merke:
Perfekt + *être* : aller, arriver, venir, entrer, sortir, partir, rester
ich bin gewesen = ***j'ai été, tu as été*** usw.

Lektion 30　　　　　　　　　　　　　　　　　　　　Übung, Grammatik

Übung 1

Bilden Sie die Präsensform:

1. Elle (aller) .... travailler tous les jours en métro.
2. Il (pouvoir) .... partir trois semaines en vacances.
3. Nous (devoir) .... rencontrer les Rougier cette semaine.
4. Ils (vouloir) .... apprendre le japonais.
5. Ils (avoir) .... trois enfants.
6. Ils (être) .... tous ingénieurs.
7. Vous (prendre) .... le TGV pour Dijon?
8. Tu (venir) .... avec moi au concert samedi?
9. Ils (faire) .... beaucoup de sport.
10. Elle ne .... (mettre) pas de parfum.

Die wichtigsten unregelmäßigen Verben (2. Teil)

		Imperfekt	Futur	Konditional	Konjunktiv
avoir	j'	avais	aurai	aurais	aie
	tu	avais	auras	aurais	aies
	il/elle	avait	aura	aurait	ait
	nous	avions	aurons	aurions	ayons
	vous	aviez	aurez	auriez	ayez
	ils/elles	avaient	auront	auraient	aient
être	j'	étais	serai	serais	sois
	tu	étais	seras	serais	sois
	il/elle	était	sera	serait	soit
	nous	étions	serons	serions	soyons
	vous	étiez	serez	seriez	soyez
	ils/elles	étaient	seront	seraient	soient

▶

Grammatik, Übung — Lektion 30

aller	j'	allais	irai	irais	aille
	tu	allais	iras	irais	ailles
	il/elle	allait	ira	irait	aille
	nous	allions	irons	irions	allions
	vous	alliez	irez	iriez	alliez
	ils/elles	allaient	iront	iraient	aillent
faire	je	faisais	ferai	ferais	fasse
	tu	faisais	feras	ferais	fasses
	il/elle	faisait	fera	ferait	fasse
	nous	faisions	ferons	ferions	fassions
	vous	faisiez	ferez	feriez	fassiez
	ils/elles	faisaient	feront	feraient	fassent
venir	je	venais	viendrai	viendrais	vienne
	tu	venais	viendras	viendrais	viennes
	il/elle	venait	viendra	viendrait	vienne
	nous	venions	viendrons	viendrions	venions
	vous	veniez	viendrez	viendriez	veniez
	ils/elles	venaient	viendront	viendriont	viennent

Übung 2

Setzen Sie das Perfekt ein:

1. Nous allons souvent aux Etats-Unis.

   ....

2. Qu'est-ce que tu fais comme sport?

   ....

3. Il ne peut pas venir en France.

   ....

4. Elle veut travailler dans le tourisme.

   ....

5. Je dois partir au Portugal.

   ....

6. Elle reste à Paris au mois d'août.

   ....

Lektion 30 — Übung

Übung 3

Setzen Sie den Konjunktiv Präsens ein:

1. Il faut que vous (faire) .... vos valises avant de partir.

2. Il faut qu'elle (venir) .... ce week-end à Lille.

3. Il faut que nous (aller) .... chercher Sabine à la gare.

4. Il ne faut pas que tu (être) .... malade pour mon anniversaire.

5. Il faut que je (avoir) .... tous les documents pour la réunion de travail.

Übung 4

1. Finden Sie die Infinitivformen der folgenden Partizipen:

essayé .... allé .... venu ....

pris .... lu .... fini ....

attendu .... parti .... fait ....

mis .... dit .... resté ....

arrivé .... demandé ....

téléphoné ....

2. Machen Sie eine Liste jener Verben, die das Perfekt mit *être* bilden:

....

....

....

Übung Lektion 30

Teilen Sie die Verbformen den entsprechenden Zeiten in der folgenden Tabelle zu:

Übung 5

1. Nous arrivons à 8 heures.
2. Nous irons aux Etats-Unis en juillet.
3. C'était à Paris en 1995.
4. Je n'ai pas vu Miko aux Puces.
5. Si on allait au cinéma ce soir?
6. Il faut que tu fasses un rapport détaillé au patron.
7. Je voudrais parler à Monsieur Charrain.
8. Qu'est-ce que tu lui as dit?
9. Vous étiez aussi au concert samedi?
10. J'ai pris l'avion à Roissy.
11. Elle a oublié son passeport à l'hôtel.
12. Nous pourrions partir en week-end à Bordeaux.
13. J'ai rendez-vous avec Dominique au restaurant.
14. Elle lit les petites annonces.
15. Vous êtes restés combien de jours à Cannes?
16. Il faut que tu viennes me voir à Munich.

Präsens:	
Perfekt:	
Imperfekt:	
Zukunftsform:	
Konditional:	
Konjunktiv:	

Lektion 30 Übung

Übung 6 Ordnen Sie die Substantive nach ihrem Geschlecht (maskulin = *m*, feminin = *f*) in die folgende Tabelle ein:

magasin / restaurant / gare / aéroport / camping / voiture / tente / billet / chambre / semaine / téléphone / rencontre / rendez-vous / journal / agence / anniversaire / panne / essence / cinéma / client

m	
m	
f	
f	

Übung 7 Übersetzen Sie die folgenden Sätze und zählen Sie Ihre Punkte! (1 Punkt pro richtiger Satz):

1. Ich kenne Frankreich gut.

2. Ich habe Postkarten gekauft.

3. Ich habe kein Geld mehr.

4. Es ist Viertel vor vier.

5. Ich spreche Französisch.

6. Er bleibt in Frankreich in Paris.

7. Sie kommt aus München.

8. Gehen Sie immer gerade aus!

9. Biegen Sie rechts ab!

10. Wir treffen uns kurz vor 10 Uhr vor dem Café.

11. Ich mag klassische Musik.

12. Er ruft ihn heute an.

13. Ich treffe Sabine am Samstag.

Übung Lektion 30

14. Er sucht seine Fahrkarte.

15. Ich habe den ganzen Tag gearbeitet.

16. Heute habe ich Geburtstag.

Auswertung:

Wenn Sie 15 Punkte haben und nicht gespickt haben:
Félicitations!

Wenn Sie 10 Punkte haben: Félicitations!

Wenn Sie zwischen 8 und 10 Punkte haben: Encore un petit effort!
(Strengen Sie sich an!)

Wenn Sie 5 Punkte haben: Une cure de grammaire s'impose!
(Eine Grammatikkur ist angesagt.)

Sie schreiben für Sabine eine Postkarte an Denis, an Abel oder an beide!

Übung 8

Cher Denis,

……

Cher Abel,

……

Sabine

Landeskundequiz:

1 Wenn Sie eingeladen sind bei Franzosen, kommen Sie

a pünktlich
b eine Viertelstunde früher
c eine Viertelstunde später

2 Frankreich ist eingeteilt in

a arrondissements
b départements
c nations

3 Saint-Ouen ist bekannt für

a seinen Flohmarkt
b seinen Käse
c seinen Friedhof

4 Les Galeries Lafayette sind

a ein Pariser Museum
b ein bekanntes Kaufhaus in Paris
c ein berühmtes Lokal in Lyon

5 Le Zénith ist

a eine Pariser Konzerthalle
b eine Luxushotelkette
c eine Zigarettenmarke

6 Le Pariscope ist

a ein Spitzname für den Eiffelturm
b ein Weißwein aus Burgund
c eine nützliche Infozeitschrift über die Kulturszene

Landeskundequiz

7 Der TGV ist

- **a** ein Bummelzug
- **b** die französische Abkürzung für MwSt.
- **c** der französische ICE

8 La province ist

- **a** ganz Frankreich ohne Paris
- **b** eine berühmte Region in Südfrankreich
- **c** eine Bezeichnung für die Pariser Vororte

9 Le Bourgueil ist

- **a** eine berühmte Disco
- **b** eine Spezialität aus der Provence
- **c** ein berühmter Rotwein

10 Am Bahnhof können Sie Ihr Gepäck hinterlassen bei der

- **a** consigne
- **b** concierge
- **c** couchette

11 Le Minitel entspricht

- **a** dem TÜV
- **b** dem BTX
- **c** der U-Bahn

12 In Frankreich haben Lebensmittelgeschäfte

- **a** am Sonntagvormittag geöffnet
- **b** am Sonntag den ganzen Tag geöffnet
- **c** am Sonntag geschlossen

Landeskundequiz

13 Les crêpes sind eine Spezialität

- **a** aus der Provence
- **b** aus Paris
- **c** aus der Bretagne

14 La place des Vosges befindet sich

- **a** in Paris
- **b** in Grenoble
- **c** in Cannes

15 Die Pariser S-Bahn heißt

- **a** le métro
- **b** le R.E.R.
- **c** le train

16 Wenn Sie jemandem zum Geburtstag gratulieren, sagen Sie

- **a** Bonne fête!
- **b** Félicitations!
- **c** Bon anniversaire!

17 Le bac entspricht

- **a** dem Führerschein
- **b** dem Abitur
- **c** dem Segelschein

18 Franzosen trinken einen Apéritif

- **a** wenn sie krank sind
- **b** vor dem Essen
- **c** nach dem Frühstück

Landeskundequiz

19 Les hors-d'oeuvre sind

- **a** Vorspeise
- **b** Nachspeise
- **c** Hauptspeise

20 Am ersten Mai schenkt man sich als Glücksbringer

- **a** weiße Chrysanthemen
- **b** rote Tulpen
- **c** Maiglöckchen

21 »A qui sian ben« heißt

- **a** »Auf Wiedersehen« auf Bretonisch
- **b** »Hier fühlt man sich wohl« auf Provenzalisch
- **c** »Prost« auf Katalanisch

22 Wenn Sie ein Trinkgeld hinterlassen, sagen Sie

- **a** C'est pour vous!
- **b** Ça va!
- **c** nichts, sie lassen das Trinkgeld auf dem Tisch liegen

23 Wo kaufen Sie une télécarte?

- **a** à la banque
- **b** à la poste
- **c** aux Puces

24 Un croque-monsieur ist

- **a** ein Schinkentoast mit Käse
- **b** eine Berufsbezeichnung
- **c** ein sehr junger Mann

Schlüssel zu den Übungen

Lektion 1

Übung 1: **1.** sont **2.** êtes **3.** est **4.** avez **5.** ai **6.** êtes **7.** suis **8.** est **9.** ont **10.** a

Übung 2: **1.** il **2.** elle **3.** il **4.** elle

Übung 3: **1.** arrive **2.** présente **3.** présente **4.** arrivent

Übung 4: **4. 1. 2. 3.**

Übung 5: **1.** d **2.** c **3.** b **4.** a

Lektion 2

Übung 1: **1.** fais **2.** va **3.** font **4.** vais **5.** fait **6.** va

Übung 2: de la; du; du; du; des; de la; de la

Übung 3: des; une; des; des; un

Übung 4: aime; aime; aimons; aimez; aimes; aiment

Lektion 3

Übung 1: prends; prends; prend; prennent; prend; prenons

Übung 2: **1.** Qu'est-ce que vous prenez? **2.** Qu'est-ce que vous aimez faire? **3.** Qu'est-ce que vous voulez faire? **4.** Qu'est-ce que vous faites? **5.** Qu'est-ce que vous prenez? **6.** Qu'est-ce que vous aimez? **7.** Qu'est-ce que vous faites? **8.** Qu'est-ce que vous voulez faire?

Übung 3: **1.** je dois **2.** vous devez **3.** elle peut **4.** je peux

Übung 4: **1.** d **2.** b **3.** c **4.** a **5.** e

Übung 5: le pain; la gare; les fleurs; les vacances; la ville

Lektion 4

Übung 1: 3; 4; 50; 16; 13; 40; 15; 6; 30; 14; 5; 60; 7; 88; 9; 70; 78; 8; 90; 11; 31; 101; 81; 71; 114; 500; 50.000; 3.000; 1.789; 1.918; 1789; 2.000.000

Übung 2: **1. e** mille quatre cent quatre-vingt-douze **2. c** mille sept cent quatre-vingt-neuf **3. g** mille neuf cent douze **4. h** mille neuf cent quarante-cinq **5. f** mille neuf cent soixante et un **6. a** mille neuf cent quatre-vingt **7. b** mille neuf cent quatre-vingt-un **8. d** mille neuf cent quatre-vingt-neuf

Übung 3: j'ai cherché; j'ai accompagné; elle a parlé; elle a aimé; elle a commencé; nous avons téléphoné

Übung 4: **1.** d **2.** a **3.** c **4.** b

Lektion 5

Übung 1: on choisit; on va; on téléphone; on attend; on prend; on rentre; on fait

Übung 2: **1.** choisit **2.** attendons **3.** remplis **4.** attendez **5.** j'attends

Übung 3: **1.** nous accompagnons **2.** ils finissent **3.** je travaille **4.** on attend **5.** elle prend **6.** on invite

Übung 4: **1.** j'ai besoin de **2.** Bonne fête! **3.** on pourrait aller au cinéma!

Übung 5: le tiroir; la cuisine; la fête; le bois; la surprise; le pain; pour

Übung 6: **1.** m'appell**e** **2.** présent**e** **3.** téléphon**ez** **4.** demand**e** **5.** commenc**e** **6.** accompagn**es** **7.** rentr**ez** **8.** ador**ent** **9.** arriv**es** **10.** aim**ent**

Test 1

2) 8 **4)** 20 **5)** 13 **8)** 25 **12)** 16 **13)** 29 **14)** 30 **16)** 22 **20)** 5 **22)** 19 **25)** 14 **27)** 12 **29)** 27 **30)** 4

Lektion 6

Übung 1: Est-ce que vous avez une pièce d'identité? **2.** Est-ce que tu rentres tard? **3.** Est-ce que vous aimez faire du ski? **4.** Est-ce que tu prends le métro? **5.** Est-ce que vous téléphonez à Sabine? **6.** Est-ce que vous avez une voiture? **7.** Est-ce que tu peux passer à la pharmacie? **8.** Est-ce que vous prenez du café au petit déjeuner?

Übung 2: **1.** je ne prends pas le bus, je prends le métro **2.** je ne travaille pas à Munich, je travaille à Berlin **3.** je n'ai pas soif, j'ai faim **4.** je ne rentre pas à 5 heures, je rentre à 7 heures **5.** je ne commence pas à 9 heures, je commence à 8 heures et demie **6.** je n'attends pas Annick, j'attends Florent

Übung 3: **1.** on n'a plus de fruits **2.** on n'a plus de sucre **3.** on n'a plus de chocolat **4.** on n'a plus de confiture **5.** on n'a plus de pain

Übung 4: **1. e** **2. a** **3. b** **4. f** **5. d** **6. c**

Übung 5: **1.** onze heures moins le quart, on prend un café à la cafétéria **2.** midi et quart, je vais déjeuner avec Caroline **3.** deux heures et demie, je passe à la banque **4.** trois heures dix, je prends le métro **5.** trois heures vingt-cinq, j'arrive place de l'Odéon **6.** trois heures et demie, je rencontre Florent **7.** six heures moins le quart, on va au cinéma

Lektion 7

Übung 1: Peter Henle est allemand, il vient de Nuremberg, il habite en Allemagne; Bernadette Martial est française, elle vient de Lyon, elle habite en France; John et Mary Williams sont anglais, ils viennent de Londres, ils habitent en Angleterre; Lucia Cocci est italienne, elle vient de Florence, elle habite en Italie; José Fernandez est espagnol, il vient de Madrid, il habite en Espagne; Maria Muricy est portugaise, elle vient de Lisbonne, elle habite au Portugal; Sven Johansen est suédois, il vient de Stockholm, il habite en Suède.

Übung 2: japonais; anglais; français; allemand; espagnol; italien; suédois; portugais

Übung 3: Miko est restée un an à Paris; Peter est rentré à 8 heures; Maria et Carla sont arrivées à Nice; John et Sven sont venus à Versailles; Bernadette et José sont allés à Londres.

Übung 4: **1.** venons **2.** arrivons **3.** téléphonons **4.** cherchons **5.** restons **6.** visitons **7.** déjeunons

Übung 5: moderne; Luis; argent; Tokyo

Lektion 8

Übung 1: **1.** à **2.** en **3.** à la **4.** à la **5.** à la **6.** en

Übung 2: **1.** à l' **2.** au **3.** au **4.** aux **5.** à l' **6.** au

Übung 3: **1.** musée **2.** États-Unis **3.** Espagne **4.** place **5.** hôtel

Übung 4: **1.** de l' **2.** du **3.** des **4.** de la

Übung 5: **1.** à New-York aux États-Unis **2.** à Londres en Angleterre **3.** à Madrid en Espagne **4.** à Munich en Allemagne **5.** à Rome en Italie

Übung 6: **1.** a **2.** b **3.** a **4.** a **5.** b

Lektion 9

Übung 1: une boîte de thon; deux bouteilles d'eau minérale; une livre de tomates; trois tablettes de chocolat; un litre de lait

Übung 2: le thé; l'architecture; le café au lait; les films comiques; la bière; le vin rouge; les musées

Übung 3: je préfère; tu préfères; elle préfère; nous préférons; vous préférez; ils préfèrent

Übung 4: **1.** c **2.** d **3.** e **4.** g **5.** f **6.** h **7.** b **8.** a

Übung 5: **1.** Il faut faire les courses. **2.** Il faut rentrer à sept heures. **3.** Il faut rester un an à Paris. **4.** Il faut descendre à Odéon. **5.** Il faut téléphoner à l'hôtel. **6.** Il faut faire la queue devant le musée. **7.** Il faut attendre Sabine. **8.** Il faut commencer à huit heures.

Übung 6: **1.** peu de **2.** beaucoup de **3.** trop de **4.** deux litres d'
5. trop de **6.** peu de **7.** assez d' **8.** peu de

Übung 7: le quartier; le guide; le cours; le Bourgueil

Lektion 10

Übung 1: les; la; le; le; l'; le

Übung 2: ce magasin; ce quartier; ce modèle; cette ville; cet hôtel; cette architecture; cette musique; ce café

Übung 3: **1. d** **2. a** **3. e** **4. f** **5. c** **6. b**

Übung 4: bleu; élégante; grises; classique; rouges; verte

Übung 5: **1. b** **2. d** **3. f** **4. e** **5. a** **6. c**

Übung 6: **1. c** **2. a** **3. g** **4. b** **5. f** **6. h** **7. e** **8. d**

Test 2

2) 8 **4)** 20 **5)** 13 **8)** 25 **12)** 16 **13)** 29 **14)** 30 **16)** 22
20) 5 **22)** 19 **25)** 14 **27)** 12 **29)** 27 **30)** 4

Lektion 11

Übung 1: yaourts; eau minérale; lait; cigarettes; Kaufst du Joghurts? Ja, ich nehme sechs. Gibt es noch Mineralwasser? Ja, es gibt noch drei Flaschen. Gibt es noch Milch? Nein, es gibt keine mehr. Hast du Zigaretten? Ja, ich habe noch welche.

Übung 2: **1. c** **2. e** **3. d** **4. a** **5. b**

Übung 3: lui; lui; leur; lui; leur

Übung 4: **1. a** **2. b** **3. b** **4. a** **5. b**

Übung 5: le steak; le dessert; le gratin; parler

Lektion 12

Übung 1: **1.** Prenez-vous le train pour Grenoble? **2.** Allez-vous à Chamrousse? **3.** Prenez-vous un taxi? **4.** Avez-vous un hôtel?
5. Connaissez-vous ce restaurant? **6.** Faites-vous du ski de fond?
7. Restez-vous une semaine? **8.** Êtes-vous professeur d'anglais?
9. Avez-vous un journal?

Übung 2: vos; ton; mes; sa; sa; son; sa; mon; ton; leurs

Übung 3: ma; mes; mon; mon; mes; mon

Übung 4: **1.** ses **2.** son **3.** son **4.** ses **5.** sa **6.** leur
7. leurs **8.** son **9.** sa **10.** leur **11.** sa **12.** son

Übung 5: Je voudrais un billet pour Paris, s'il vous plaît. Aller simple ou aller et retour? Aller et retour, deuxième classe, non-fumeurs, si possible. Voilà votre billet, vous avez la place 10 dans la voiture 13. J'arrive à quelle heure? / A quelle heure est-ce que j'arrive? A 22 heures.

Lektion 13

Übung 1: **1.** Le vingt mai, c'est l'anniversaire de Caroline. **2.** Le onze novembre, c'est l'anniversaire de Miko. **3.** Le huit mars, c'est l'anniversaire de Luis. **4.** Le premier avril, c'est l'anniversaire de Sabine. **5.** Le douze octobre, c'est l'anniversaire de Michel.

Übung 2: pars; partez; partons; part; pars; partent

Übung 3: **1.** je me renseigne **2.** tu te renseignes **3.** vous vous renseignez **4.** elle se débrouille **5.** il s'appelle **6.** les enfants s'amusent

Übung 4: **1. f 2. d 3. g 4. h 5. c 6. e 7. a 8. b**

Übung 5: le car; la chambre; coûter; le forfait; août; visiter

Übung 6: Pardon, est-ce qu'il y a un car pour les Deux-Alpes? Il y a un car qui part à 1o heures. Est-ce que vous avez une chambre pour une personne? Je regrette, tout est complet. Où est-ce que je peux louer des skis? Est-ce qu'on peut acheter un forfait de ski pour le week-end?

Lektion 14

Übung 1: lis; lis; achetez; achète; voyez; vois; partons

Übung 2: **1.** C'est Sabine qui est assise à côté de Denis. **2.** C'est Denis qui travaille dans une agence à Paris. **3.** C'est le TGV pour Grenoble qui part à 10 heures. **4.** C'est la patronne de l'hôtel qui loue des skis. **5.** C'est le restaurant japonais qui n'est pas cher.

Übung 3: **1.** Une chambre à Paris est plus chère qu'une chambre à Chamrousse. **2.** Une chambre à Chamrousse est moins chère qu'une chambre à Paris. **3.** L'hôtel à Tokyo est plus cher que l'hôtel à Paris. **4.** L'hôtel à Paris est moins cher que l'hôtel à Tokyo. **5.** L'Europe est plus riche que l'Afrique. **6.** L'Afrique est moins riche que l'Europe. **7.** La lecture du Figaro est plus facile que la lecture du Monde. **8.** La lecture du Monde est moins facile que la lecture du Figaro.

Übung 4: est parti; ai rencontré; a acheté; a lu; a vu

Übung 5: Je cherche du travail depuis trois semaines. Je lis les petites annonces. J'ai un tuyau pour vous. Mon patron cherche une secrétaire qui parle anglais et allemand. Ça vous intéresse? Je vous invite demain chez moi à l'apéritif. A quelle heure? Je travaille jusqu'à sept heures, venez à huit heures.

Lektion 15

Übung 1: **1. b 2. b 3. a 4. c**

Übung 2: 2.; 5.; 3.; 6.; 1.; 7.; 4.; 8.; 9.

Übung 3: **a.** 06 **b.** 13 **c.** 31 **d.** 33 **e.** 34 **f.** 38 **g.** 44 **h.** 51 **i.** 54 **j.** 67 **k.** 69 **l.** 84

Übung 4: **1. k 2. b 3. j 4. d 5. l 6. a 7. e 8. c 9. g 10. i 11. h 12. f**

Übung 5: **1.** cherchera **2.** donnerons **3.** parlerez **4.** aimeras **5.** téléphonerai

Übung 6: serai; téléphonera; laisserez; aurai; irai; irons

Übung 7: Je ne peux pas déranger M. Charrain. Il est en réunion. Laissez-moi votre numéro de téléphone, s'il vous plaît (s.v.p.). Il vous rappellera à 6 heures.

Übung 8: le client; déranger; la société; le voyage d'affaires

Test 3

2) 8 **4)** 20 **5)** 13 **8)** 25 **12)** 16 **13)** 29 **14)** 30 **16)** 22 **20)** 5 **22)** 19 **25)** 14 **27)** 12 **29)** 27 **30)** 4

Lektion 16

Übung 1: **1.** toute la journée **2.** tous les dossiers **3.** tous les candidats **4.** tout **5.** toutes

Übung 2: **1.** quelle ville **2.** quel stage **3.** quelle adresse **4.** quel journal **5.** quels problèmes **6.** quelles clés **7.** quel rendez-vous **8.** quelle annonce

Übung 3: **1.** mets **2.** mets **3.** met **4.** mettez **5.** mettent

Übung 4: **1.** tous od. toutes **2.** tous **3.** toutes **4.** toute **5.** tous les étudiants; toutes les étudiantes **6.** tous **7.** tous **8.** toutes **9.** tous **10.** tout **11.** toutes **12.** toutes

Übung 5: J'ai un rendez-vous demain à 9 heures à l'agence. Je dois écrire un C.V.(curriculum vitae) en français. Je l'écris à l'ordinateur, ça se lit mieux. J'ai fait beaucoup de stages à l'étranger.

Lektion 17

Übung 1: **1.** Il va être directeur. **2.** Elle va organiser la réunion. **3.** Je vais manger un steak au poivre. **4.** Denis va inviter Sabine. **5.** Nous allons faire du ski. **6.** Je vais acheter les billets. **7.** Le car pour Chamrousse va partir. **8.** On va prendre un forfait.

Übung 2: **1.** parlera **2.** montrera **3.** aura **4.** sera **5.** iront **6.** rencontreront **7.** ira **8.** prendront

Übung 3: Je travaille dans une agence de publicité. L'agence est petite mais dynamique. La moyenne d'âge est jeune, l'ambiance décontractée. On a (nous avons) des clients dans toute l'Europe. En juin, nous partirons à Cannes.

Übung 4: faire; son; sommes; avez; allons

Lektion 18

Übung 1: **1.** étais **2.** arrivait **3.** invitions **4.** parliez **5.** téléphonais **6.** était **7.** accompagnait **8.** aimais

Übung 2: **1.** Si on partait en vacances en Espagne? **2.** Si on prenait le TGV pour Lyon? **3.** Si on faisait des crêpes? **4.** Si on téléphonait à Abel? **5.** Si on louait une voiture? **6.** Si on achetait le Figaro? **7.** Si on invitait Sabine dimanche? **8.** Si on discutait de ta candidature?

Übung 3: dit; disent; dites; dis

Übung 4: **1. b   2. a   3. d   4. c**

Übung 5: 3; 10; 9; 1; 2; 7; 8; 4; 6; 5

Übung 6: **1.** c'était un musicien anglais **2.** c'était un peintre italien **3.** c'était une actrice suédoise **4.** c'était un physicien allemand **5.** c'était un empereur japonais **6.** c'était un acteur français **7.** c'était une romancière anglaise **8.** c'était un navigateur portugais

Übung 7: oui; plu; désolé; si; mois

Lektion 19

Übung 1: vois; est; ouvre; offrent; a; veulent

Übung 2: **1.** Ils achètent des billets pour aller au concert. **2.** On prend un verre de champagne pour fêter l'anniversaire de Denis. **3.** Elle téléphone au bureau pour prendre rendez-vous. **4.** Je fais un cours de francais pour travailler à Paris. **5.** Vous faites un stage de ski pour apprendre à faire du ski. **6.** Elles cherchent un hôtel pour rester trois jours à Londres. **7.** Je vais aller à la poste pour acheter une télécarte. **8.** On prend un kilo de tomates pour faire une salade.

Übung 3: **1. b   2. c   3. a   4. b**

Übung 4: **1.** invitera **2.** offrirai **3.** offrira **4.** ouvrira **5.** commencerons **6.** mangera **7.** retrouvera **8.** sera, rentrera

Übung 5: **1. c   2. a   3. d   4. b   5. f   6. e**

Übung 6: C'est mon anniversaire. Merci beaucoup pour le CD de Miles Davis. Je vous invite au restaurant. Après on pourrait aller danser. La nuit est encore longue!

Lektion 20

Übung 1: **1.** Laquelle préférez-vous? **2.** Lequel préférez-vous? **3.** Laquelle préférez-vous? **4.** Lequel préférez-vous? **5.** Laquelle préférez-vous?

Übung 2: **1.** Nous demandons le prix avant de louer une voiture. **2.** Nous réservons une chambre avant de partir en week-end. **3.** Elle téléphone à Cannes avant d'organiser le voyage d'affaires. **4.** Ils achètent les billets avant d'aller au concert. **5.** Elles achètent des fleurs avant d'aller chez Luis.

Übung 3: **1.** Si vous allez en voiture à Tours, c'est moins cher. **2.** Si vous visitez le Louvre en semaine, c'est plus intéressant. **3.** Si tu téléphones à Sabine à 8 heures, elle sera là. **4.** Si tu rentres à 7 heures, on ira au cinéma. **5.** Si nous partons faire du ski, nous réserverons deux chambres.

Übung 4: **1.** b **2.** d **3.** a **4.** e **5.** c

Übung 5: **1.** quelle **2.** quel **3.** quelle **4.** quelle **5.** quelle
6. quel **7.** quel **8.** quelles **9.** quel **10.** quelles **11.** quel
12. quels

Übung 6: **1.** Un forfait pour une semaine est plus intéressant qu'un prix à la journée. **2.** Les billets de cinéma sont moins chers que les billets de concert. **3.** Le japonais est plus difficile que l'anglais. **4.** La France est plus grande que l'Italie. **5.** Les vacances scolaires en France sont plus longues que les vacances scolaires en Allemagne. **6.** Les fromages français sont plus connus que les fromages allemands. **7.** Le TGV est plus rapide qu'un train normal. **8.** Les hôtels en province sont moins chers que les hôtels à Paris.

Test 4

2) 8 **4)** 20 **5)** 13 **8)** 25 **12)** 16 **13)** 29 **14)** 30 **16)** 22;
20) 5 **22)** 19 **25)** 14 **27)** 12 **29)** 27 **30)** 4

Lektion 21

Übung 1: **1.** que **2.** qui **3.** qu' **4.** qui **5.** que **6.** qui **7.** qui
8. qui **9.** que **10.** que

Übung 2: **1.** Sabine vient de téléphoner. **2.** Vous venez de louer.
3. Ils viennent de passer. **4.** Le mécanicien vient de réparer.
5. L'agence vient de rembourser.

Übung 3: **1.** b **2.** c **3.** a **4.** e **5.** d

Übung 4: **1.** c **2.** b **3.** d **4.** e **5.** a **6.** f

Übung 5: Sabine et Denis reviennent de Normandie. Cinquante kilomètres avant Paris ils ont une panne sur l'autoroute. Sabine téléphone au service de dépannage. Le mécanicien doit remorquer la voiture.

Lektion 22

Übung 1: **1.** Elle dit qu'elle a mal à la tête. **2.** Elle raconte qu'elle tousse. **3.** Elle croit qu'elle a pris froid. **4.** Elle dit qu'elle est assurée en Allemagne. **5.** Le médecin dit que les frais médicaux sont remboursés. **6.** Le médecin dit que la consultation coûte 20 euros. **7.** Le médecin dit que Sabine a une bronchite. **8.** Le médecin dit qu'avec ce temps tout le monde est malade.

Übung 2: **1.** crois **2.** crois **3.** croyez **4.** croyons **5.** croit

Übung 3: **1.** b **2.** d **3.** a **4.** c

Übung 4: bonjour; facture; repas; par jour

Übung 5: Je crois que j'ai pris froid. Vous pouvez me faire une ordonnance pour des antibiotiques? Prenez ce médicament trois fois par jour. Restez au lit quelques jours. Si ça ne va pas mieux, revenez me voir la semaine prochaine.

Lektion 23

Übung 1: **1.** Trouvez un appartement en mettant une annonce dans le journal! **2.** Perdez 5 kilos en faisant du sport! **3.** Montez la tente en arrivant au camping! **4.** N'oubliez pas votre lampe de poche en partant! **5.** Téléphone à Miko en rentrant à Paris!

Übung 2: **1.** Ils dînent en regardant la télé. **2.** Il s'est blessé en montant la tente. **3.** Ils ont oublié de payer en partant. **4.** Sabine a rencontré Denis en allant à Grenoble. **5.** Nous avons trouvé le camping en arrivant à Apt.

Übung 3: **1.** arrivé**s** **2.** resté**s** **3.** venu**e** **4.** allé**s** **5.** parti**e**

Übung 4: **1. b** **2. d** **3. a** **4. c**

Übung 5: mai; tarif; saison; gardien

Übung 6: Nous sommes presque arrivés. Saignon n'est qu'à cinq kilomètres d'Apt. Nous avons /on a de la place pour deux tentes. On monte les tentes. Nous avons /on a oublié la lampe de poche et le marteau.

Lektion 24

Übung 1: **1.** voyages **2.** jours **3.** bureaux **4.** jeux **5.** journaux **6.** cadeaux **7.** marteaux **8.** chapeaux

Übung 2: **1.** Elle n'a pas pris le métro. **2.** Il n'a jamais rencontré Abel. **3.** Tu n'as plus téléphoné à 11 heures. **4.** Elle n'a pas mis de jeans. **5.** Je n'ai rien vendu. **6.** Elle n'est pas allée à Londres. **7.** Nous ne sommes pas arrivés lundi. **8.** Tu n'as plus dit bonjour. **9.** Je n'ai jamais travaillé le dimanche. **10.** Tu n'as pas aimé ce film.

Übung 3: combien; dommage; soie; glace; grand-mère

Übung 4: Je voudrais d'abord faire un tour. Essayez ce chapeau! Vous le vendez combien? C'est trop cher! Je vais réfléchir.

Lektion 25

Übung 1: **1.** Il faut que **vous organisiez**... **2.** Il faut que **vous téléphoniez**... **3.** Il faut que **vous arriviez**... **4.** Il faut que **vous rencontriez**... **5.** Il faut que **vous travailliez**...

Übung 2: **1.** Il faut chercher. **2.** Il faut demander. **3.** Il faut présenter. **4.** Il faut réserver. **5.** Il faut penser.

Übung 3: **1. a** **2. b** **3. b** **4. b**

Übung 4: **1.** qui, qui **2.** qui **3.** que **4.** qui **5.** qui, que **6.** que **7.** qu' **8.** que **9.** qui **10.** que **11.** que **12.** qui

Übung 5: Allô! Sabine Dietz de l'agence Binet, Paris. Je voudrais réserver deux chambres individuelles avec salle de bains du deux au huit mai. Il faut que je confirme ma réservation par fax.

Test 5

2) 8 **4)** 20 **5)** 13 **8)** 25 **12)** 16 **13)** 29 **14)** 30 **16)** 22 **20)** 5 **22)** 19 **25)** 14 **27)** 12 **29)** 27 **30)** 4

Lektion 26

Übung 1: **1.** pourrions **2.** pourrait **3.** pourriez **4.** pourrais **5.** pourrais **6.** aimerais **7.** aimerais **8.** aimeriez **9.** aimerions **10.** aimerait

Übung 2: **1.** le **2.** lui **3.** le **4.** les **5.** l' **6.** l' **7.** la **8.** les **9.** leur **10.** l' **11.** les

Übung 3: neige; Paris; eucalyptus; réunion; malade

Übung 4: Quel temps fait-il? Il fait beau, j'aimerais aller à la plage. Moi aussi, mais je dois d'abord passer/aller à la banque pour changer de l'argent. D'accord, je passe te chercher dans une heure.

Lektion 27

Übung 1: **1. a)** Demain **matin**. **2.** A **quelle** heure? **b) A** 9 heures. **3. combien** de temps? **c)** Tout **le** week-end. **4. quand? d)** Dimanche **soir** ou lundi **matin**. **5. e) le mardi**

Übung 2: **1.** en juin/au mois de juin **2.** hier **3.** vendredi soir **4.** demain matin **5.** toute la journée **6.** à 10 heures **7.** cet après-midi **8.** ce soir

Übung 3: l'ordre ; rendez-vous; décaler; rapport; campagne; qui; en; rentrant

Übung 4: liste; hier; pendant; hôtel; calme

Übung 5: Il faut que nous décalions tous nos rendez-vous. Sabine arrivera seulement lundi. Elle est allée le week-end à Bordeaux pour rencontrer/voir un client.

Lektion 28

Übung 1: **1.** allait **2.** cherchais **3.** restiez **4.** j'offrais **5.** passais

Übung 2: **1.** il est arrivé **2.** nous sommes allés **3.** elle est restée **4.** ils sont rentrés **5.** je suis venu/ venue

Übung 3: **1.** est arrivée, parlait **2.** a rencontré, cherchait **3.** a téléphoné, a dit, était **4.** a rencontré, c'était **5.** ont loué, consommait **6.** ont téléphoné, a remorqué **7.** est allée, avait **8.** ont invité, ne connaissait pas **9.** aimaient, a acheté **10.** a réservé, étatit **11.** il faisait, sont allés **12.** a oublié, attendait

Übung 4: réponse; retour; on; il y a ; lire

Übung 5: J'aimerais/ je voudrais passer une petite annonce pour trouver du travail. Jeune femme (J.F.) parlant couramment anglais, français, allemand cherche (ch) emploi temporaire de secrétaire à Paris en juillet.

Lektion 29

Übung 1: **1.** fasses **2.** viennes **3.** sois **4.** aille **5.** fassent

Übung 2: **1.** fasse **2.** ailles **3.** soyons **4.** veniez **5.** cherches

Übung 3: **1.** arrivent **2.** partions **3.** parle **4.** soyez **5.** ayez

Übung 4: Noël; cadeau; Italie; payer; Guadeloupe

Lektion 30

Übung 1: **1.** va **2.** peut **3.** devons **4.** veulent **5.** ont **6.** sont **7.** prenez **8.** viens **9.** font **10.** met

Übung 2: **1.** sommes allés / allées **2.** as fait **3.** n'a pas pu **4.** a voulu **5.** j'ai dû **6.** est restée

Übung 3: **1.** fassiez **2.** vienne **3.** allions **4.** sois **5.** j'aie

Übung 4: **1.** essayer; aller; venir; prendre; lire; finir; attendre; partir; faire; mettre; dire; rester; arriver; demander; téléphoner; **2.** Perfekt + être: aller; venir; partir; rester; arriver

Übung 5: Präsens: **1./13./14.;** Perfekt: **4./8./10./11./15.;** Imperfekt: **3./5./9.;** Futur: **2.;** Konditional: **7./12.;** Konjunktiv: **6./16.**

Übung 6: m: magasin; restaurant; aéroport; camping; billet; téléphone; rendez-vous; journal; anniversaire; cinéma; client; f: gare; voiture; tente; chambre; semaine; rencontre; agence; panne; essence

Übung 7: **1.** Je connais bien la France. **2.** J'ai acheté des cartes postales. **3.** Je n'ai plus d'argent. **4.** Il est / C'est quatre heures moins le quart. **5.** Je parle français. **6.** Il reste en France à Paris/ il reste à Paris en France. **7.** Elle vient de Munich. **8.** Continuez tout droit. **9.** Tournez à droite! **10.** On a / nous avons rendez-vous un peu avant dix heures devant le café. **11.** J'aime la musique classique. **12.** Il lui téléphone aujourd'hui. **13.** Je rencontre Sabine samedi. **14.** Il cherche son billet. **15.** J'ai travaillé toute la journée. **16.** Aujourd'hui, c'est mon anniversaire. / C'est mon anniversaire aujourd'hui.

Übung 8: (Vorschlag!) Cher Denis

Merci pour ta carte. Moi aussi, je me sens bien seule à Munich depuis mon retour. J'aimerais que tu viennes me voir bientôt. J'ai trouvé une école de langue sympa à Munich. Je te téléphonerai lundi prochain pour te donner plus de détails . Grosses bises.

Sabine

Cher Abel

Merci pour ta carte et pour tes informations. Je dois aller à Paris la semaine prochaine. Si tu veux, on pourrait se rencontrer à la gare de l'Est. J'arriverai samedi matin à 7 heures moins le quart. Viens me chercher, on prendra le petit déjeuner ensemble. Je t'embrasse.

Sabine

Landeskundequiz

1. c **2.** b **3.** a **4.** b **5.** a **6.** c **7.** c **8.** a **9.** c **10.** a
11. b **12.** a **13.** c **14.** a **15.** b **16.** c **17.** b **18.** b **19.** a
20. c **21.** b **22.** c **23.** b **24.** a

Wörterverzeichnis

Lektionen 1–30

Die Zahlen hinter den Einträgen verweisen auf die Lektionen. Alle Wörter mit *
stehen im jeweiligen Zusatzwortschatz.

A

à auf / zu / um / in 1, 4, 5, 8
à cause de wegen 9
à côté um die Ecke / nebenan 5
à droite rechts 8
à gauche links 8
à l'avance im Voraus 18
à la marinière im eigenen Saft 11
à la place statt 11
à merveille ausgezeichnet 24
à part außer 11
à pied zu Fuß 8
à plus tard bis später
à propos de hinsichtlich 28
à quel sujet? worum geht es? 15
à quelle heure? um wie viel Uhr? 6
à ta (votre) santé! auf dein (Ihr) Wohl! 11
abréviation *f* Abkürzung 28
accélérateur *m* Gaspedal 21*
accélérer beschleunigen 21*
accent *m* Akzent 18
accepter nehmen 6
accompagner begleiten 3, 29
accueil *m* Empfang / Begrüßung 1
acheter kaufen 13
addition *f* Rechnung 9
adieux *m pl* Abschied 29
adresse personnelle *f* Privatadresse 14
aéroport *m* Flughafen 29
affaires *f pl* Sachen / Geschäfte 5, 17
affectueusement herzlich 30
afficher aushängen 6
agence de communication *f* Werbeagentur 14
agneau *m* Lamm 11*
aider helfen 5
aimer mögen 2, 6
algérien aus Algerien 18
aller gehen / passen 2, 10
aller et retour *m* hin und zurück (Rückfahrkarte) 12
aller simple *m* einfach (Fahrkarte) 12
aller voir besuchen 4
allons-y also los 19

alors dann 20
ambiance *f* Atmosphäre / Stimmung 17
ami *m* Freund 30
amie *f* Freundin 30
amitiés *f pl* liebe Grüße 30
amoureux verliebt 30
an *m* Jahr 3
Angleterre *f* England 7
année *f* Jahr 3
anniversaire *m* Geburtstag 19
antibiotique *m* Antibiotikum 22
apéritif *m* Aperitif 14
appel *m* Anruf 9
apporter bringen / mitbringen 10, 19
approximatif ungefähr 25
après danach 3
après-demain übermorgen 27
après-midi *m* oder *f* Nachmittag 5
architecture *f* Architektur 8
argent *m* Geld 6
Argentine *f* Argentinien 7
arraché durchgerissen 21
arrivée *f* Ankunft 5
ascension (l') *f* Christi Himmelfahrt 27*
assez (de) genug 6
assistante *f* Assistentin 17
assomption (l') *f* Maria Himmelfahrt 27*
assuré versichert 22
attendre warten (auf) 5
au dessus (de) über 5
au fait übrigens 13
au ski beim Skifahren 13
aucun(e) kein / keine(r) 21
aujourd'hui heute 3
ausculter aushorchen 22
aussi auch 10, 14, 18
autant genauso 17
automne *m* Herbst
autoroute *m od f* Autobahn 21
autre andere(r / s) 7
autre chose etwas Anderes 9
avant vorher 3, 4
avant de bevor 7, 16, 24
avec plaisir mit Vergnügen 29

Wörterverzeichnis

avion *m* Flugzeug 25
avoir ... ans ... Jahre alt sein 7, 19
avoir haben 1
avoir à faire zu tun haben 17,27
avoir besoin de brauchen 5
avoir des frissons Schüttelfrost haben 22
avoir envie de Lust haben (etwas zu tun) 8
avoir faim Hunger haben 2
avoir l'air sérieux sich nicht gut anhören 21
avoir le droit de dürfen 6
avoir le temps de Zeit haben (etwas zu tun) 4
avoir lieu stattfinden 25
avoir mal à la tête Kopfschmerzen haben 22
avoir rendez-vous verabredet sein 8
avoir soif Durst haben 2

B

bac *m* Abitur 16
bac *m* **série économie** Wirtschaftsabitur 16
bagages *m pl* Gepäck 1
baiser *m* Kuss 30
balade *f* Bummel, Spaziergang 9, 14
banlieue *f* Vororte, Vorortzug 12*
bas-côté *m* Seitenstreifen 21
Bavière *f* Bayern 29
beaucoup gerne / viel / viele 2, 9
belge aus Belgien 18
ben na 18
beurre *m* Butter 3
bien gut 3
bien sûr selbstverständlich 11
bienvenue *f* Willkommen 1
bière *f* Bier 2
bilingue zweisprachig 7
billet d'avion *m* Flugticket 25
billet *m* Fahrkarte / Karte 12, 18
bise *f* Küsschen 19
bœuf *m* Rind 11*
boisson *f* Getränk 11
boîte *f* Disco 19
bon gut 5,19
Bonjour! Guten Tag! 1
bonne chance! viel Glück! 6
bonnet *m* Mütze 10*
borne téléphonique *f* Notrufsäule 21
botte *f* Stiefel 10*
Bourgueil *m* (Rotwein aus dem Loiretal) 9
bourse *f* Stipendium 7

bronchite *f* Bronchitis 22
bruit *m* Geräusch 21
bureau *m* Büro 17
bus *m* Stadtbus 13

C

c'est exact das stimmt 15
c'est moi das bin ich 1
c'est tout das ist alles 4
C.V. (cévé) *m* Lebenslauf 15
ça das 14
ça fait (faire) das macht 4
ça me dit das reizt mich 19
ça sera tout das ist alles 4
ça t'ennuie? macht es dir etwas aus? 18
ça vous va? ist Ihnen das recht? 14
cabine d'essayage *f* Anprobekabine 10
cachet *m* Tablette 22*
cadeau *m* Geschenk 19
café *m* Kaffee 3
café au lait *m* Milchkaffe (zu Hause) 9
(café) crème *m* Milchkaffee (im Lokal) 9
cafétéria *f* Cafeteria 7
calendrier *m* Terminkalender 17
calme ruhig 26
campagne *f* Land 2
campagne publicitaire *f* Werbekampagne 27
camping *m* Zelten 23
camping-gaz *m* Camping-Kocher 23
candidature *f* Bewerbung 14
car *m* Reisebus 13
carotte *f* Karotte 11*
carte d'embarquement *f* Bordkarte 29
carte de crédit *f* Kreditkarte 20
carte de visite *f* Visitenkarte 14
carte *f* Speisekarte 11
carte postale *f* Postkarte 30
caution *f* Kaution 20
ce diese(r) / dieses 10
ce que was (Relativpronomen) 16, 25, 27
ce soir heute Abend 2
célibataire ledig 16
celui (de) den um 12
centre ville Stadtmitte 21*
certificat de travail *m* Arbeitszeugnis 16
ces diese 10
cet diese(r / s) 10
cet après-midi heute Nachmittag 4
cette diese(r / s) 10
chacun(e) jeder / jede 24

Wörterverzeichnis

chaise longue *f* Liegestuhl 26*
chaleur *f* Hitze 8
chambre individuelle *f* Einzelzimmer 25
chambre pour deux personnes *f* Doppelzimmer 25
chambre(d'hôtel) *f* Hotelzimmer 13
champ de lavande *m* Lavendelfeld 23
chance *f* Glück 6
changer (se) sich umziehen 26
changer auswechseln, ändern 21, 29
chapeau *m* Hut 24
chaussette *f* Socke 10*
chaussure *f* Schuh 10*
chef-d'œuvre *m* Meisterwerk 8
chemise *f* Hemd 10*
chemisier *m* 10 Hemdbluse 10*
chèque de la poste / postal *m* Postscheck 6
cher Lieber 30
chère Liebe 30
chez bei 1
chez moi nach Hause / bei mir 9, 14
chocolat *m* Schokolade 3
choisir wählen 11
choix *m* Auswahl 9
chute de neige *f* Schneefall 13
ciné *m* Kino 5
cinéma *m* Kino 5
citron *m* Zitrone 9
citron vert *m* Limette 11
classique klassisch 10
client *m* Kunde 14
code *m* Code 14
colin *m* Seehecht 11
collant *m* Strumpfhose 10*
collègue *m* / *f* Kollege / in 18
combien de wie viel 3
comité d'organisation *m* Veranstalter 27
comme als 11
commencer anfangen 3
commencer (à +Infinitiv) anfangen (etw. zu tun) 16
comment wie 8
compartiment *m* Abteil 12
complet besetzt / ausverkauft / ausgebucht 13, 19, 25
complètement vollständig 21
composter entwerten / abstempeln 12
compris inklusiv 13
compter zählen 30
compter faire machen wollen 28
compter sur sich verlassen auf 27

concert *m* Konzert 18
condition *f* Bedingung 15
conducteur *m* Autofahrer 20
confirmer bestätigen 25
confiture *f* Konfitüre / Marmelade 3
congés payés *m pl* bezahlter Urlaub 27*
connaître kennen 7
connu (connaître) bekannt 9
conseiller à raten 11
conseiller de raten zu 28
conservatoire *m* Musikhochschule 7
consigne *f* Gepäckaufbewahrung 12*
consommer verbrauchen 20
consultation *f* Untersuchung 22
contact *m* Kontakt 7
continuer weitergehen(-fahren) 8
contrat *m* Vertrag 20
contrat de travail *m* Arbeitsvertrag 27*
convenir gefallen 23
copain *m* Freund 7
copine *f* Freundin 7
correspondance *f* Anschluss 12
correspondant entsprechend 6
corriger korrigieren 16
Côte d'Azur *f* Côte d'Azur 17
côté cour zum Hof 25
coton *m* Baumwolle 10*
couchette *f* Liegeplatz 12*
couleur *f* Farbe 10
couloir *m* Gang 12*
coup de fil *m* Anruf 15
coup de soleil *m* Sonnenbrand 26
coupe de cheveux *f* Haarschnitt 18
couramment fließend 14
courant fließend 16
courroie de transmission *f* Keilriemen 21
cours de français *m* Französischkurs 3
cours de langue *m* Sprachkurs 3
cours intensif *m* Intensivkurs 3
cours moyen *m* Mittelstufe 6
courses *f pl* Einkaufen / Einkäufe 4
court kurz 10,15*
coûter kosten 13, 20
crème solaire *f* Sonnencreme 26
crêpe *f* Crêpe / Pfannkuchen 5
crevette *f* Garnele 11*
cric *m* Wagenheber 21*
croire glauben 8, 22, 26
croque-monsieur *m* Schinkentoast mit Käse 9

Wörterverzeichnis

cuillère *f* Löffel 5
cuir *m* Leder 10*
cuisine *f* Küche 5
curriculum vitae /C.V. *m* Lebenslauf 15

D

d'abord zuerst 3
d'accord einverstanden 3
d'habitude gewöhnlich 13
dans in 7, 14
dans ce cas in diesem Fall 20
de aus 8, 9
de bonne heure früh 9
de toute façon sowieso 5
débrouiller (se) klarkommen 5, 29
décaler verschieben 27
décider beschließen 25
décider (se) sich entscheiden 27
décision *f* Entscheidung 28
décontracté entspannt / locker 17
décousu Naht aufgeplatzt 24
découvert (découvrir) entdeckt 11
découverte *f* Entdeckung 8
déjà schon 4
déjeuner *m* Mittagessen 2
demain morgen 16
demain après-midi morgen Nachmittag 7
demain matin morgen früh 6
demain soir morgen Abend 6
demander 4, fragen 28
démarrer losfahren, beginnen 14, 27
dépanneuse *f* Abschleppwagen 21
départ *m* Abfahrt 12
dépêcher (se) sich beeilen 13
depuis seit 2, 8
déranger stören 15
dernier letzte(r) / letztes 11
dernière letzte(r) / letztes 2
descendre aussteigen 8
désirer mögen, wünschen 4, 11
désolé(e) tut mir Leid 10
dessert *m* Nachspeise 11
destination *f* Ziel 29
détaillé ausführlich 27
deuxième classe *f* zweite Klasse 12
devenir werden 26
devoir müssen / schulden 3, 16, 22
devoirs *m pl* Hausaufgaben
dictionnaire *m* Wörterbuch 6
difficile schwierig 8
dîner *m* Abendessen 2

dîner zu Abend essen 11
dire sagen 16, 18
directeur *m* Leiter 15
direction *f* Richtung 8
discuter de sich über etw. unterhalten 14
disposition *f* Verfügung 17
disque compact *m* CD 19
divorce *m* Scheidung 16*
divorcé(e) geschieden 16*
dommage schade 24
donner geben 6
dormir schlafen 3
douleur *f* Schmerz 22*
drôle komisch / ulkig 21, 24
du moins zumindest 13
dur schwierig 30
durée *f* Dauer 27
durer dauern 26
dynamique dynamisch 17

E

eau minérale *f* Mineralwasser 2
échanger umtauschen 19
échangeur *m* Autobahnkreuz 21*
écharpe *f* Schal 10*
école de langue *f* Sprachenschule 30
écouter hören 5
écrit schriftlich / geschrieben 6, 16
élégant elegant 10
elle sie 1
embrasser küssen 30
emmener mitnehmen 19
emplacement tente *m* Zeltplatz 23
emploi *m* Stelle 28
employé *m* Angestellter 12
en in / davon / beim 2, 7, 8, 10, 11, 23
en avoir assez es satt haben 30
en bas unten 5
en bois aus Holz 5
en ce moment im Augenblick 13
en codes *m pl* mit Abblendlicht 21*
en coton aus Baumwolle 10*
en détail im Einzelnen 17
en espèces bar 20
en partant wenn sie abfahren 23
en plastique aus Plastik 5
en plus dazu, auch noch 4, 21
en semaine unter der Woche 9
en tout insgesamt 25
encore noch 10
enfant *m* Kind 1

Wörterverzeichnis

ennuyer langweilen 18
enregistrement *m* Check-in 29
ensemble gemeinsam 17
entendre hören 21
entendu einverstanden 7
entouré de umgeben von 23
entre zwischen 18
entrée *f* Vorspeise 11
entreprise *f* Firma, Betrieb 7
entretien *m* Gespräch 6
environ circa 8
envoyer schicken 25
espérer hoffen 30
essai *m* Versuch 10
essayer anprobieren 10
essence *f* Benzin 20
essuie-glace *m* Scheibenwischer 21*
étagère *f* Regal 5
état civil *m* Personenstand 16*
été *m* Sommer
étonnant überraschend 22
étranger ausländisch 17
étranger *m* Ausland 17
être sein 1
être à la journée pro Tag gelten 13
être assis sitzen 14
étroit eng 10
*études *fp l* Studium 16
étudiant(e) *m (f)* Student(in) 7
eu (avoir) gehabt 7
eucalyptus *m* Eukalyptus 26
euro (€) *m* Euro 4
évaluation *f* Einstufung 6
événement *m* Ereignis 17
évier *m* Spüle 5
exagérer übertreiben 18
examiner untersuchen 22
excellent ausgezeichnet 9
expérience *f* Erfahrung 15
express *m* Espresso 9
extraordinaire großartig 18

F
facile leicht 14
facture *f* Rechnung 22
failli beinahe ... 19
faire machen / tun / anbieten 2, 7, 9, 20
faire autre chose etwas Anderes unternehmen 26
faire demi-tour umkehren 8
faire des études studieren 7

faire des photos fotografieren 9
faire du 38 Größe 38 haben 10
faire du camping zelten 23
faire du ski Ski fahren 2, 13
faire l'affaire es auch tun 23
faire la cuisine kochen 5
faire la queue anstehen 9
faire le plein volltanken 20
faire les courses einkaufen gehen 4
faire partie de zu etw. gehören 16
faire un tour sich umsehen 24
faire une balade spazieren gehen 26
faire une ordonnance ein Rezept geben 22*
fait (faire) gemacht / getan 3
famille *f* Familie 2
fatigué müde 8
faut (il) du musst 16
Félicitations! *f pl* Glückwunsch! (zu) 17
femme *f* Frau; Ehefrau 16*
fenêtre *f* Fenster 12
fenouil *m* Fenchel 11
fermé geschlossen 9
fête *f* Namenstag 5
fête Nationale *f* Nationalfeiertag 27*
fêter feiern 19
feuille de maladie *f* Abrechnungsformular 22
film *m* Film 17
fin *f* Ende 11
finir beenden / enden 5
finir par endlich etw. tun 30
fixé festgelegt 27
fleur *f* Blume 19
fleurir blühen 23
fois *f* Mal 17
fonctionnaire *mf* Beamte/Beamtin 27*
forêt *f* Wald 2
forfait *m* Skipass / Pauschale 13, 20
formation *f* Ausbildung 7
forme *f* Form 19
fort stark / laut 21
foulard *m* Halstuch 24
frais de réparation *m pl* Reparaturkosten 21
frais médicaux *m pl* Arztkosten 22
frais pharmaceutiques *m pl* Arzneimittelkosten 22
français(e) französisch, aus Frankreich 7
France *f* Frankreich 7

Wörterverzeichnis

frein *m* Bremse 21*
freiner bremsen 21*
frisée *f* Friseesalat 4
froid (il fait) kalt 26
froid *m* Kälte 22
fromage *m* Käse 2
fruit *m* Frucht 2
fruits de mer *m pl* Meeresfrüchte 11
fumer rauchen 12*
fumeur *m* Raucher 12*

G

galère (quelle) *f* so ein Ärger 21
gant *m* Handschuh 10*
garage *m* Werkstatt 21
gardien (du camping) *m* Verwalter 23
gare *f* Bahnhof 1
garée (être) geparkt 1
généraliste *m* Arzt für Allgemeinmedizin 22*
génial toll / genial 18
gentil nett 29
glace *f* Eis 11*
glace *f* Spiegel 24
goûter *m* Brotzeit (für Kinder) 5
grammaire *f* Grammatik 7
grand groß 5
grand magasin *m* Kaufhaus 10
grand-mère *f* Großmutter 24
grandes lignes *f pl* Fernverkehr 12*
gratin dauphinois *m* überbackener Kartoffelauflauf 11
grève *f* Streik 27*
gros dick 23
gruyère *m* Emmentaler 9
guichet *m* Schalter 12
guide *m* Fremdenführer 9

H

habiter wohnen 7
hall *m* Eingangshalle 6
haricot *m* Bohne 11
hein? nicht wahr / ja? 23
hésiter zögern 10
heure *f* Uhr(zeit) 6, 25
heures de consultation *f pl* Sprechstunde 22*
heureusement que gut, dass ... 23
hier gestern 5
hiver *m* Winter 2
horaire pro Stunde 13

horaire *m* Fahrplan 12*
hors-d'œuvre *m* (kalte)Vorspeise 11
huître *f* Auster 11

I

ici hier 7
idée *f* Idee / Ahnung 5, 21
il er 1
il faut que müssen 25
il y a es gibt; vor (zeitlich) 2; 6
île *f* Insel 26
illimité unbegrenzt 20
immense riesig (groß) 9
imperméable *m* Regenmantel 10*
important wichtig 17
impression *f* Eindruck 22
impressionnant beeindruckend 29
informaticien *m* Informatiker 7
inscription *f* Einschreibung 3
inscrire einschreiben 6
inspecter sich ansehen 21
instant *m* Moment 25
intéressant günstig / interessant 20
intéresser interessieren 14
inviter einladen 9

J

Japon *m* Japan 7
japonais(e) japanisch, aus Japan 7
jardin *m* Garten 2
jean *m* Jeans 24
jeune jung 17
jeune homme *m* junger Mann 14
joindre hinzufügen, beifügen 16
jour *m* Tag 30
jour de l'An (le) Neujahr(stag) 27*
jour férié *m* Feiertag 27*
journal *m* Zeitung 14
journée *f* Tag 13
Joyeux anniversaire! Herzlichen Glückwunsch zum Geburtstag! 19
jupe *f* Rock 10*
jus de fruits *m* Fruchtsaft 2
jusqu'à bis 8
juste nur 2

K

kilo *m* Kilo 4
kilométrage *m* Kilometerzahl 20
klaxonner hupen 21*

Wörterverzeichnis

L

la classe! Klasse! 24
lac *m* See 2
laisser lassen / hinterlassen 9, 15, 27
laisser pour überlassen 24
laisser tomber fallen lassen 29
laitue *f* Kopfsalat 4
lampe de poche *f* Taschenlampe 23
langue maternelle *m* Muttersprache 16
large weit 10*
largement reichlich 29
lecture *f* Lesen 14
légume *m* Gemüse 11*
lequel welcher 20
libre frei 13, 15
liquide bar 6
lire lesen 8, 14
lisible besser zu lesen / leserlich 16
liste *f* Liste 27
location *f* Vermietung 13
loin weit 8
Londres London 7
long/longue lang 10*
longtemps lange 8
louer mieten / vermieten 13
loup de mer *m* Seewolf 11
lu (lire) gelesen 8
lui er / ihn / ihm 1, 11
lundi de Pâques *m* Ostermontag 27*
lundi de la Pentecôte *m* Pfingstmontag 27*
lunettes de soleil *f pl* Sonnenbrille 26*
lycée *m* Gymnasium 3

M

ma meine(r) / mein 12
Mademoiselle *f* Fräulein / Frau 1
maillot (de bain) *m* Badeanzug / Badehose 26*
mais aber 14
maîtrise *f* sehr gute Kenntnisse 16
malade krank 4
malade *m f* Kranke(r) 22
Mamie Oma 4
manger essen 11
manteau *m* Mantel 10*
manuscrit handgeschrieben 16
marchand (de légumes) *m* Gemüsehändler 4
marché *m* Markt 4
marcher zu Fuß gehen 8

mari *m* Ehemann 16*
mariage *m* Ehe 16*
marié(e) verheiratet 16*
marteau *m* Hammer 23
matériel *m* Zubehör 13
maternelle *f* Kindergarten / Vorschule 3
matin *m* Vormittag 6, 9
me mich 11
mécanicien *m* Mechaniker 21
médecin *m* Arzt 22
médicament *m* Arzneimittel, Medikament 22
méfier (se) sich in Acht nehmen 30
meilleur besser 10
même der- / die- / dasselbe 10, 18
mentionner erwähnen / angeben 16, 25
menu *m* Menü 11
merci danke 3
mes meine 12
message *m* Nachricht 15
Messieurs Dames Meine Damen und Herren 9
météo *f* Wetterbericht 13
métro *m* U-Bahn 8
mettre setzen, stellen, legen 16, 26, 30
mieux besser 22
modèle *m* Model 10
moderne modern 8
moi ich 1
mois *m* Monat 7, 11
mon meine(r) / mein 12
monastère *m* Kloster 26
moniteur (de ski) *m* Skilehrer 13
Monsieur *m* Herr 1
monter aufbauen 23
montrer zeigen 16, 28
moule *f* Miesmuschel 11
moyenne d'âge *f* Durchschnittsalter 17
Munich München 2
musée *m* Museum 8
musique *f* Musik 7

N

nager schwimmen 2
nationalité *f* Staatsangehörigkeit 16*
né(e) geboren 16*
ne ... pas nicht 6
ne ... rien nichts 9
neige *f* Schnee 13
niveau avancé *m* Fortgeschrittene 3
niveau *m* Stufe 6

Wörterverzeichnis

niveau moyen *m* Mittelstufe 3
Noël *m* Weihnachten 29
non-fumeur Nichtraucher 12
normal normal 7
nous wir / uns 1, 11
nouveau, nouvel neu 8, 9
Nouvel An (le) Neujahr(stag) 27*
nuit *f* Nacht 19
numéro de téléphone *m* Telefonnummer 14, 15

O

offert (offrir) gespendet / geschenkt 11
offrir schenken 19
omelette *f* Omelette 2
on wir 5
opéra *m* Opernhaus 8
opposé entgegengesetzt 8
oral mündlich 6
ordinateur *m* Computer 16
ordonnance *f* Rezept 22
ordre du jour *m* Tagesordnung 27
organisation *f* Aufbau 17
organiser organisieren 14
oser sich trauen 24
où? wo? 5, 8
ouais ja 5, 18
oublier vergessen 12
ouf! uff! 8
oui ja 5
ouvrir aufmachen 19

P

pain *m* Brot 3
panne *f* Panne 21
pantalon *m* Hose 10*
Pâques Ostern 20
par fax per Fax 25
par jour täglich 6
par là in dieser Richtung 8
par personne pro Person 13
parasol *m* Sonnenschirm 26*
parce que weil 26
pardon Entschuldigung 8
parents *m pl* Eltern 5
parfait wunderbar 23
parlé et écrit in Wort und Schrift 16
parler à sprechen 15
parler de erzählen über 2
partager teilen 9
partie *f* Teil 6

pas bien nicht wohl 22
pas cher billig / nicht teuer 4
pas de kein / keine(r) 6
pas du tout überhaupt nicht, gar nicht 8
pas encore noch nicht 7
pas mal nicht schlecht 24
passager *m* Reisende/er 29
passeport *m* Pass 6
passer laufen / spielen 4, 5, 6, 18, 21
passer chercher abholen 3
passer une annonce eine Anzeige aufgeben 28
pâté *m* Leberpastete 9
patron *m* Chef 14
payer zahlen 6
payer un supplément nachzahlen 29
pays *m* Land 7
penser denken 19, 23
penser de halten von 10
Pentecôte (la) Pfingsten 27*
périphérique *m* Autobahnring 21
permettre erlauben 6, 23
permis de conduire *m* Führerschein 20
Perrier (Mineralwasser mit Kohlensäure) 9
petit klein 5
petit déjeuner *m* Frühstück 2
petit pois *m* Erbse 11*
petites annonces *f pl* Kleinanzeigen 14
peut-être vielleicht 14
phares *m pl* Licht / Scheinwerfer 21*
pharmacie *f* Apotheke 4
pharmacien *m* Apotheker 22*
photo *f* Foto 9
pièce d'identité *f* Ausweis 6
pièce *f* Stück 24
pierre *f* Stein 23
pintade *f* Perlhuhn 11*
piquet *m* Hering 23
piqûre *f* Spritze 22*
piscine *f* Schwimmbad 2
piste *f* Abfahrt 13
placard *m* Schrank 5
place *f* Platz 8
place (assise) *f* Sitzplatz 12
plage *f* Strand 26
plaît (plaire) gefallen 10
plan *m* Stadtplan 3
planche à voile *f* Surfbrett 26*
planter einschlagen 23
pleine saison *f* Hauptsaison 13
pleins phares *m pl* Fernlicht 21*

Wörterverzeichnis

plongé dans vertieft in 14
plu (plaire) gefallen 9
plus cher teuerer 10, 13
plus du tout gar nicht mehr 25
plus simple einfacher 14
plus tard später 8
pneu *m* Reifen 21*
pneu à plat *m* Plattfuß, Reifenpanne 21*
poche *f* Tasche 27
pointure *f* Schuhgröße 10*
poisson *m* Fisch 11*
poivre *m* Pfeffer 11
pomme *f* Apfel 4
pomme de terre *f* Kartoffel 11
porc *m* Schweinefleisch 11*
porte *f* Ausgang 29
poser sa candidature sich bewerben 15
poser un problème problematisch sein 28
possible möglich 13
poulet *m* Huhn 11*
pour Grenoble nach Grenoble 12
pour (+ Infinitiv) um ... zu 14
pourquoi warum 14
pourquoi pas warum nicht 5
pouvoir können 3, 26
préciser erwähnen 16
préférer vorziehen 2
premier erster 17
première classe erste Klasse 12*
prendre nehmen 3
prendre froid sich erkälten 22
prendre le bateau mit dem Boot fahren 26
prendre un pot etwas trinken (gehen) 18
préparer vorbereiten 20
près de in der Nähe von 2
prescrire verschreiben 22*
présenter (se) (sich) vorstellen 7
presque fast 23
presse *f* **spécialisée** Fachpresse 27
prévoir vorhersagen 13
prise de contact *f* Kontaktaufnahme 27
prix *m* Preis 10, 24
problème *m* Problem 6, 7
prochain nächster 17
prof / professeur *m* Lehrer 7
professionel Berufs- 15
profiter de genießen 23
programme *m* Programm 3
programme des cours *m* Kursprogramm 6
projet *m* Projekt 27
prolonger verlängern 30

promis (promettre) versprochen 5
proposer vorschlagen 20
provençal provenzalisch / aus der Provence 11
pub (publicité) *f* Werbung 27
publicitaire Werbe- 17
publicité *f* Werbung 17
Puces (les) *f pl* Flohmarkt 24
pull *m* Pulli 10*

Q

qu'est-ce que? was ist das? 3
quai *m* Bahnsteig 12*
qualité *f* Qualität 15
quand wann / als 3, 24
quand même trotzdem 3
quantité *f* Menge 29
quart d'heure *m* Viertelstunde 5, 8
quartier *m* Viertel 4
quel welche(r) / welches 16
quelqu'un jemand 14
quelque chose etwas 9
question *f* Frage 6, 17
qui der / die / das (Relativpronomen) 13, 14
quiche lorraine *f* elsässischer Zwiebelkuchen 9
quoi was 11

R

R.E.R. *m* S-Bahn 29
raconter erzählen 9
ralentir (ab)bremsen 21*
ramener zurückbringen 20
randonnée *f* Wanderung 2
rappel de limitation Verkehrszeichen 21*
rappeler zurückrufen 15
rapport *m* Bericht 27
rayon *m* Abteilung 10
réceptionniste *f* Empfangsdame 13
recherche d'un emploi *f* Arbeitssuche 28
recommander à empfehlen 11
rédiger verfassen / schreiben 27
réfléchir überlegen 10
regard *m* Blick 18
regarder nachschauen / ansehen 10, 24
régional regional 11
régler bezahlen 20
rejoindre sich mit jm treffen 7
relire noch einmal lesen 27
rembourser erstatten 21

Wörterverzeichnis

remboursement *m* Rückerstattung 22
remercier bedanken 29
remontée mécanique *f* Skilift 13
remorquer abschleppen 21
remplacer ersetzen 30
rencontre *f* Treffen / Begegnung 14
rencontrer treffen / kennen lernen 14, 15
rendez-vous *m* Treffen, Verabredung 9, 27
rendre abgeben / zurückbringen 16, 20
rentrer zurückkommen 5
rentrer du bureau aus dem Büro kommen 14
repartir zurückfliegen, abfahren 25
repas *m* Essen 11
répondre antworten 28
réponse *f* Antwort 28
réservation *f* Reservierung 12
réserver reservieren 25
réservoir d'essence *m* Benzintank 21*
ressembler à Ähnlichkeit haben mit 18
restaurant *m* Restaurant 11
rester bleiben, (übrig)bleiben 7, 22, 25
résultat m Ergebnis 6
retour *m* Rückkehr 28
retourner zurückgehen 26
retrouver (se) (sich) (wieder-)treffen, wiederfinden 7, 19, 30
réunion *f* Sitzung 15
réunion de travail *f* Arbeitstreffen 27
revenir zurückkommen 8, 21
rez-de-chaussée *m* Erdgeschoss 6
rien de prévu (prevoir) nichts vorhaben 15*
ringard altmodisch 24
rôti *m* Braten 11*
rouge rot 5
rue *f* Straße 1

S

sac (à main) *m* Handtasche 10*
sac à dos *m* Rucksack 10*
s'agir de sich um etw. handeln 4
s'allonger sich hinlegen 22
s'amuser Spaß haben 13
s'appeler heißen 1
s'approcher de zukommen auf 18
s'arrêter (an)halten 13
s'en faire sich Sorgen machen 21
s'il vous plaît (s'il te plaît) bitte 4
s'installer sich niederlassen 23
s'occuper de sich kümmern um 25

s'y prendre sich um etw. kümmern 19
s.v.p. bitte (Abkürzung) 4
sable *m* Sand 26*
sac de couchage *m* Schlafsack 23
sac *m* (Reise)tasche 1
savoir können / wissen 2, 8, 16
saison *f* Jahreszeit 23
salade *f* Salat 2
saladier *m* Schüssel
salaire *m* Lohn 27*
salle de bains *f* Bad 25
salle *f* Raum 6
salut! hallo! 1
sandwich *m* Sandwich 9
sanitaires *f / pl* sanitäre Anlagen 23
sans plomb bleifrei 20
saucisson *m* Salami 9
savoir wissen 8
se changer sich umziehen 26
se débrouiller zurechtkommen 5, 29
se décider sich entscheiden 27
se dépêcher sich beeilen 13
se déshabiller sich ausziehen 22*
séance *f* Vorstellung 5
sec trocken 11
secrétaire *f* Sekretärin 7
séjour *m* Aufenthalt 30
semaine *f* Woche 6
sens interdit Verbot der Einfahrt 21*
sens unique Einbahnstraße 21*
sentir (se) sich fühlen 22
séparer trennen 30
sérieux ernst 14
service *m* Abteilung 27*
service *m* Gefallen 4
service de cars *m* Busverbindung 12
service de dépannage *m* Pannenhilfe 21
service du personnel *m* Personalabteilung 27*
servir (se) sich bedienen 6
seul einsam 30
seulement nur 20
si wenn / falls / ob / doch 9, 16, 25, 28
si possible wenn möglich 6, 12, 25
simple einfach 14
sirop *m* Hustensaft 22
situation de famille *f* Familienstand 16 *
sixième (6e) *m* das sechste Arrondissement (in Paris) 7
ski alpin *m* Abfahrt 2
ski de randonnée *m* Langlauf 2

Wörterverzeichnis

ski *m* Ski 13
SNCF *f* französische Bahn 12
société *f* Firma 27*
soir *m* Abend 2
soirée *f* Abend 18
soleil *m* Sonne 23
sortie (d'autoroute) *f* Autobahnausfahrt 21
sortir (de) verlassen 25
sortir avec etwas mit jm anfangen 30
soupe *f* Suppe 2
sourire *m* Lächeln 30
sous unter 5
sous forme de als / in Form von 6
soutien-gorge *m* BH 10
souvent oft 11
spécialiste *m* Facharzt 22*
spécialité *f* Spezialität 11
spectateur *m* Zuschauer 18
splendide wunderschön 8
sport *m* Sport 2
stage *m* Praktikum 14
stagiaire *m f* Praktikant(in) 15
station *f* Station 8
steak *m* Steak 11
style *m* Stil 10
suivre mitkommen / folgen 17
super super 18
superbe sehr schön 4
supplément *m* Zuschlag 20
sur moi bei mir 6
sûr sicher 24
surprise *f* Überraschung 5

T
T.T.C. alles inbegriffen 20
ta deine(r) / dein 12
table *f* Tisch 5
taille *f* Kleidergröße 10
taper schreiben 16
tard spät 5
tarif *m* Preis 23
tarte *f* Obstkuchen 11
téléphoner à anrufen 4
temporaire auf Zeit / Aushilfs... 28
temps *m* Wetter 8,26
tener halten 14,19
tente *f* Zelt 23
tenter versuchen 14
terminer beenden 28
terrain de camping *m* Zeltplatz 23

tes deine 12
test *m* Test 3
texte *m* Text 28
thé *m* Tee 3
théâtre *m* Theater 19
tiens!(tenir) hier! 19
tiroir *m* Schublade 5
tissu *m* Stoff 10
toi du 1
tomate *f* Tomate 4
tomber fallen 23
ton deine(r) / dein 12
tôt früh 13
toujours immer 14, 18
tourner abbiegen 8
tous alle 5, 16
tous les jours jeden Tag 19
Toussaint (la) Allerheiligen 27*
tousser husten 22
tout alles 13, 16
tout de suite gleich 12
tout droit gerade aus 8
tout le monde alle 17
tout près ganz in der Nähe 1
toutes directions Fernverkehr / Durchgangsverkehr 21*
toutes les deux *f pl* beide 20
train *m* Zug 12
train corail *m* (Zug mit) Großraumwagen 12*
trains de banlieue *m pl* Vorortzüge 12*
travail *m* Arbeit 14
travailler verarbeiten / arbeiten 5, 7
traversée *f* Überfahrt 26
très sehr 9
très bien sehr gut 7
trop de zu viel 9
trop tard zu spät 19
trouver finden 7
tu du 1
tulipe *f* Tulpe 19
tutoyer (se) duzen 18
tuyau *m* Tipp 14

U
un peu (de) etwas 10, 18
uniquement nur 10

V
vacances *f pl* Urlaub 2, 29
vacances scolaires *f pl* Schulferien 28

Wörterverzeichnis

vague f Welle 26*
valise f Koffer 1
vélo m Fahrrad 2
vendeur m Verkäufer 24
vendredi m Freitag 13
venir kommen 5, 7
venir de faire gerade etwas getan haben 8
verre m Glas 2
vers gegen (zeitlich) 6,14
vert grün 10
vert m Grün (Farbe) 10
veste f Jacke 10*
veuf, veuve verwitwet 16*
viande f Fleisch 11
Vichy (Mineralwasser mit wenig Kohlensäure) 9
vie f Leben 7
vieux alt 9
village m Dorf 23
ville f Stadt 2
vin m Wein 2
vin blanc m Weißwein 11
visite guidée f Führung 7
visiter besichtigen 7
vite schnell 27
vitesse Gang / Geschwindigkeit 21*

Vittel (stilles Mineralwasser) 9
voie f Gleis 12*
voilà! da(!), hier ist / sind 4
voir sehen 19
voiture f Wagen 1
voiture de location f Mietwagen 20
voix f Stimme 18
vol aller m Hinflug 25
vol m Flug 25
vol m pour Flug nach 29
vol retour m Rückflug 25
vos ihre / eure 12
votre Ihre (Höflichkeitsform) 10, 12
voudrais (vouloir) möchte 3
vouloir wollen 3, 20
vous Sie / Ihnen 1, 11
voyage d'affaires m Geschäftsreise 17
vraiment echt / wirklich 24
wagon-lit m Schlafwagen 12*
wagon-restaurant m Speisewagen 12
week-end m Wochenende 13
yaourt m Jogurt 2

Z
Zénith m Pariser Konzerthalle 18
zut! verflixt 23

büffel(n) ist out

Langenscheidt Grammatik kurz & schmerzlos

Grammatik auf unterhaltsame Weise:

- lockere Herangehensweise mit einprägsamen Satzbeispielen
- im Vordergrund steht die Funktion der Sprache – nicht die Regel
- zusätzlicher Lerneffekt durch viele Übungen
- mit humorvollen Illustrationen
- die ideale Grammatik für Anfänger und Wiedereinsteiger

Die Langenscheidt Grammatik kurz & schmerzlos gibt es für 5 Sprachen

Französische Grammatik – kurz und schmerzlos
Zum Üben und Nachschlagen

Langenscheidt

Infos & mehr
www.langenscheidt.de

Langenscheidt
...weil Sprachen verbinden